Für meinen wunderbaren Mann Siranus
Danke für deine Liebe

Sonja Ariel von Staden

Sternentore

Botschaften aus der
Lichtquelle

Schirner
Verlag

ISBN 978-3-8434-1088-5

(vormals 978-3-89767-923-8)

Sonja Ariel von Staden:	Umschlag: Murat Karaçay, Schirner
Sternentore	Redaktion: Tamara Kuhn, Schirner
Botschaften aus der Lichtquelle	Gestaltung: Silke Büttner, Schirner
© 2010 Schirner Verlag, Darmstadt	Satz: Michael Zuch, Frankfurt am Main
	Printed by: ren medien, Filderstadt, Germany

www.schirner.com

2. Auflage September 2012, in geändertem Format, versehen mit neuer ISBN

Inhalt

Vorwort

Ich habe Sonja Ariel von Staden bei den Engeltagen 2010 in Nürnberg persönlich kennengelernt. Dort konnte ich erleben, wie sie auf beeindruckende Weise vor den Augen vieler Zuschauer ein Bild mit der Energie der Engeltage malte. Was mich zu ihr hinzog, waren die kraftvollen, leuchtenden und zugleich sanften Energien der Sternentore. Sie symbolisieren für mich die Energiefrequenzen einer neuen Zeit und das Leben aus dem »ICH BIN«. Beim Betrachten der Bilder ist es, als ob die Seele sich mit der Energie des Ursprungs verbindet und durch die Farben und Symbole aufgeladen wird.

Ich freue mich sehr darüber, dass Sonja Ariel diese Bilder nun einer großen Öffentlichkeit zugänglich macht. Ich wünsche mir, dass viele Menschen weltweit mit diesen wundervollen Energiefeldern in Kontakt treten können und dabei Licht, Liebe, Freude, Frieden, Mitgefühl, Kraft, Öffnung, Hilfe, Inspiration, Heilung und Vollkommenheit erfahren.

Sonja Ariel ist für mich ein Mensch mit der Sonne im Herzen und einem tiefen »JA« zur Schöpfung und zum Leben. Sie hat ihre Essenz auf ihrem eigenen Lebensweg befreit und ist in der Lage, diese Befreiung auf jeden, der mit diesen Bildern in Berührung kommt, zu übertragen. Tief verbunden mit ihrer eigenen Seelenenergie lebt sie ihre Bestimmung und macht uns über ihre zauberhaften und zugleich tief wirkenden, von innen heraus strahlenden Bilder und Worte andere Dimensionen des Seins zugänglich. Sie wird geführt von den Engeln und Meistern. Sie inspiriert, erfreut und erfüllt mit ihrem Wesen einen Raum mit den Farben des Regenbogens, der Liebe der Einhörner, der Inspiration der Engel, der Kraft der Sterne, der Weisheit der Meister und der Essenz, die in jeder Seele ruht. Sonja Ariel ist in der Lage, diese reinen Frequenzen zu empfangen, sie auf wundervolle Weise umzusetzen und uns über diesen Weg zugänglich zu machen. Danke dafür.

Möge dieses Werk gesegnet sein. Mögen die Sternentore uns dabei helfen, in unsere ewige Gegenwart einzutreten und uns mit den verschiedensten Aspekten der Schöpfung zu verbinden. Mögen sie uns das geben, was wir im Augenblick brauchen, um ganz und vollkommen in der Gegenwart zu ruhen und kraftvoll und Segen bringend aus der Quelle heraus zu handeln. Mögen durch die Sternentore die Energien der neuen goldenen Zeit des Friedens hier auf der Erde verankert werden.

Danke für dein wundervolles Wirken. Viel Segen für dein Werk und dein Sein.

In Liebe und Achtung
Jeanne Ruland

Einleitung

Die Sternentor-Bilder sind wahrhaft himmlische Geschenke. Als Visionen erreichten sie mich, ihre Malerin, zum ersten Mal im September 2006. Seither vermitteln sie wunderbare, intensive Botschaften aus der Quelle allen Seins. Jedes Bild enthält eine wichtige Mitteilung, die du – ergänzend zu den weltlichen Naturgesetzen – als Lebensgesetz verstehen kannst.

Die Farben, Formen und Schriftzeichen berühren über deine Augen zugleich auch dein Herz und deine Gefühle. Die Energie und die Kraft, die die Bilder ausstrahlen, sind intensiv zu spüren. Damit du als Betrachter die Energie auf allen Ebenen annehmen und erfassen kannst, werden die »göttlichen Schriftzeichen« nach dem Malen von mir in unsere Sprache übersetzt. Die Schriftzeichen sind nicht mit menschlichen Alphabeten zu vergleichen. Sie wirken vielmehr als Botschaft in Energieform, die ich während des geführten Schreibens im Herzen hören kann.

Die Botschaften und Übungen der Sternentore greifen ineinander wie lebendige Wellen, die sich überschneiden. Sie zeigen das Leben und seine Aspekte aus verschiedenen Blickwinkeln, damit du einen umfassenden Überblick bekommst und hilfreiche Erkenntnisse erhältst. Manche Lebenshilfen finden sich in verschiedenen Kapiteln (z. B. Heilung, Mut, Selbstliebe ...). Du kannst das Sternentor mit dem Hauptthema als Basis nehmen und es zusätzlich zum aktuellen Thema nutzen, um deine Entwicklung nachhaltig voranzubringen.

Jedes Bild ist auch für mich als seine Malerin ein deutlicher Schritt in die Meisterschaft, denn ein Sternentor kann erst »geboren« werden, wenn seine Weisheit im Medium lebendig geworden ist.

Jeder Mensch, der sich auf den Weg macht, die Verbindung von Körper, Geist und Seele zu erfahren, kann von den philosophischen und inspirierenden Bilderbotschaften lernen, sich noch mehr zu öffnen und über sich selbst hinauszuwachsen. Auf liebevolle Weise kann dem Betrachter so deutlich werden, wie bewusstes Leben in all seinen Aspekten funktioniert.

Bisher entstanden beinahe im Monatsrhythmus neue Sternentore. In diesem Buch sind sie in der ursprünglichen Reihenfolge ihrer Entstehung aufgeführt. Ich male sie mit Acrylfarben, die besonders stark leuchten, in unterschiedlichen Größen auf Leinwand. Das kleinste Sternentor ist 50 x 50 cm groß, das größte 100 x 100 cm.

Besonders spannend ist es, den Zeitpunkt ihres Entstehens im Zusammenhang mit den Jahresenergien zu betrachten – denn es wird klar, dass die Sternentore deutlich den Energie- und Bewusstseinswandel in der Welt widerspiegeln.

In diesem Buch ist der erste Zyklus aus 36 Bildern mit ihren jeweiligen Botschaften zu sehen. Zu jedem Sternentor gibt es zusätzlich Erläuterungen der tieferen Bedeutung, verschiedene Übungen, Meditationen, Visualisierungsübungen und Affirmationen.

So kannst du das Buch auf unterschiedliche Weise nutzen: als Bilderbuch zur Entspannung und zum Genießen, als Unterstützung zur spirituellen Entwicklung oder als Hilfe in Zeiten der Herausforderungen. Es ist eine Schatztruhe mit vielen Edelsteinen, die alle ihre Energie für dein Wohlbefinden und dein Glück fließen lassen. Die Sternentore können dir Antworten und Unterstützung geben.

Das Kartenset »Sternentore« (Schirner Verlag, Darmstadt 2010) ist eine wunderbare Ergänzung zu dem Buch. Mit den Karten kannst du intuitiv einen Spiegel deiner Entwicklung erhalten, um dir bewusst zu werden, welches Thema für dich gerade wichtig ist, und dieses dann bearbeiten. Außerdem kannst du dich von den Farben der Bilder inspirieren lassen und dich mit der Energie der Quelle auftanken, um für ein besonderes Lebensthema Kraft zu schöpfen. Auf diese Weise spielen Körper, Geist und Seele gemeinsam ein wunderbares »Spiel des Lebens«.

Erläuterung zu den Übungen

Das Lebensbuch

Das Lebensbuch ist ein Begleiter auf dem Weg in ein neues Bewusstsein. Es braucht nicht täglich geführt zu werden – es sei denn, du machst eine 30-Tage-Übung. Als Lebensbuch kann ein einfaches, festes Schreibbuch dienen, in das du dir Notizen zu den Übungen, die dir im Buch begegnen, machen kannst. Diese Methode ist eine gute Möglichkeit, dir selbst zu zeigen, was in dir vorgeht. Wenn du die einzelnen Übungen – wie in einem Tagebuch – mit einem Datum versiehst, kannst du deine Entwicklung rückblickend betrachten. Wenn du Übungen wiederholst, lässt sich auf diese Weise gut feststellen, was sich in der Zwischenzeit verändert hat – und so kannst du stolz auf deine Entwicklung sein. Nur du allein hast die Macht, dein Leben zu verändern. Setze diese Macht so wirkungsvoll wie möglich ein, und genieße jeden Schritt in eine schöne, kraftvolle Zukunft. Es macht große Freude, die einzelnen Schritte dorthin im Lebensbuch festzuhalten!

Die 30-Tage-Übung

Das menschliche Gehirn lässt sich immer wieder bewusst neu programmieren. Es ist möglich, alte Ansichten, Gewohnheiten und Glaubenssätze loszulassen und neue Erkenntnisse zu verankern. Nach 30 Tagen, in denen eine Affirmation oder eine Übung täglich wiederholt wurde, hat das Gehirn sie verinnerlicht. Das Leben kann sich dann sinnvoll verändern. Natürlich haben die Übungen auch eine Wirkung, wenn du sie nur einmal machst – die beste Wirkung entfaltet sich jedoch, wenn du konsequent bist und 30 Tage hintereinander übst.

Affirmation

Die Wortbedeutung ist »Bekräftigung« und »Bejahung«. Indem der Fokus auf etwas Positives gelenkt wird, kann eine Affirmation eine aktuelle Situation verbessern. Am besten wirkt eine Affirmation, wenn du vor einem Spiegel stehst und sie dir »in die Augen« sprichst. Doch auch das einfache Aussprechen, ohne sich in die eigenen Augen zu blicken, verhilft der inneren Struktur zu einem Umdenken.

Gebete und Mantras sind ebenfalls Affirmationen. Je klarer und positiver sie formuliert sind, desto besser können sie das Bewusstsein kräftigen. Es ist ratsam, die Worte so zu verfassen, als wäre der gewünschte Effekt bereits eingetreten. Denn spreche ich so, als ob mein Wunsch bereits in Erfüllung gegangen ist, wird der Verstand alles daran setzen, diesen Wunsch real werden zu lassen.

Meditation

Das Wort »Meditation« bedeutet »Ausrichtung zur Mitte«. Für eine Meditation suchst du am besten einen Raum auf, in dem du Ruhe hast und nicht abgelenkt wirst. Du kannst im Sitzen oder im Liegen meditieren. Wichtig ist dabei, dass der Körper sich entspannt und der Atem frei fließt.

Eine Meditation kann vollkommen frei von Bildern sein. In vielen Religionen gilt die absolute Leere, die Befreiung von jeglichen Gedanken und das Verschmelzen mit der göttlichen Quelle als höchster Zustand.

Die in diesem Buch vermittelten Meditationen sind geführte, beschriebene Übungen, mit deren Hilfe aus der Ruhe heraus neue Wege des Bewusstseins gefunden werden können. Am besten liest du dir die jeweilige Meditation vorher durch, um sie dann mit geschlossenen Augen auszuführen. Oder du nimmst die Worte auf und spielst sie dann wieder ab.

Visualisierungsübungen

Der menschliche Geist und auch die Gedanken werden von inneren Bildern gelenkt, die an Gefühle gekoppelt sind. Wenn du dir den schönsten Moment deines Lebens vorstellst und alles im Detail vor deinem inneren Auge betrachtest, bist du ganz tief in einem sehr glücklichen Zustand. Dein ganzer Körper schwingt in einer hohen, liebevollen Frequenz, und dein Immunsystem wird gestärkt. Diese große Kraft der Selbstheilung kann in Visualisierungsübungen wunderbar genutzt werden. Stelle dir die Ideen, die ich dir schenke, so intensiv und mit so vielen Sinnen wie möglich vor, damit dein ganzes System davon profitieren kann. Wenn es dir anfänglich noch ein wenig schwerfällt, kannst du durch Wiederholung schnell den Punkt erreichen, an dem es dir richtig gut geht!

Das Sternentor des Ursprungs

Die Botschaft

Lasse im Hier und Jetzt alles los. Lasse dich treiben und zurückführen an den Ort, dem du entstammst. Spüre die Einheit, die Kraft und deine wahre Quelle. Dort, am Beginn allen Seins, kannst du dich mit dem verbinden, was dich wahrhaftig ausmacht: mit deiner göttlichen Seele. Tauche ein, tanke dich auf mit Zuversicht, Geborgenheit und bedingungsloser Liebe. Dann kannst du dein Leben voller Energie, Harmonie und Leichtigkeit leben.

Empfangen durch Sonja Ariel von Staden im September 2006

Bedeutung

Welches Geheimnis auch immer sich hinter der Erschaffung unseres Universums verbirgt – es gibt einen Ursprung, es gibt eine Quelle, aus der alle Energie stammt. Alles ist Energie, alles ist Schwingung, darin sind sich viele Wissenschaftler einig, und die alten großen Kulturen wussten es seit Anbeginn.

An welche Art des Ursprungs du auch glaubst: Du kannst viel Kraft schöpfen, wenn du dich mit dem Augenblick des Erschaffens verbindest. Der Moment, in dem alles begann, ist dem großen Wunsch gleichzusetzen, Erfahrungen möglich zu machen. Das Perfekte kann seine Perfektion nur spüren, wenn es sie lebt. Erst die Erfahrung macht etwas fühlbar. Reines Wissen reicht nicht aus, erst Leben und Handeln machen aus Wissen unschätzbare Weisheit. Wir sind auf diese Erde gekommen, um uns selbst in unserer Schöpferkraft und mit unseren individuellen Möglichkeiten auszutoben auf dem Spielplatz des Lebens, auf dieser Erde voller Wunder.

Der göttliche Ursprung ist in allem spürbar. Mit unsichtbaren, zarten Energiefäden sind alle Seelen mit der Quelle verbunden. Wir spüren sie mal mehr und mal weniger stark, doch die Verbindung ist immer da. Es ist die Liebe, die uns mit dem Ursprung verbindet. Dorthin möchten wir zurück.

Die göttliche Kraft ist reine, klare, bedingungslose Liebe und Energie. Aus ihr formt sich alles Leben, in ihr ist alles enthalten: alle Information, aller Trost, alle Weisheit, alles Glück. Es ist an uns, immer wieder in die Quelle einzutauchen. Auch wenn du manchmal das Gefühl hast, alles Schöne existiere weit weg von dir – der Weg dahin ist kurz, denn alles ist miteinander verknüpft, und somit ist alles auch in dir.

Kehre zurück zum Ursprung allen Seins. Dort findest du alles, was du bisher gesucht hast, und bist wieder eins mit dir selbst.

»Ich bin« – Ankommen in diesem Leben
Eine Visualisierungsübung – Eine 30-Tage-Übung

Um diese Visualisierungsübung zu machen, brauchst du nur den Wunsch in dir zu verspüren, endlich mit dem echten, dem wahren Spiel zu beginnen – jenseits der Illusion, jenseits der Rollen, die du bis heute gespielt hast. Wenn du konsequent bist, kannst du in 30 Tagen deine Sicht auf dein Leben verändern.

Heute beginnt dein Leben – wie es jeden Tag neu beginnt. Bist du bereit?

Suche dir einen Platz, an dem du ungestört und in Ruhe sein kannst. Setze oder lege dich in eine für dich angenehme Position. Dann stelle dir vor, du befindest dich in einem leeren Raum. Einzig in der Mitte steht ein Becken, das mit klarer Flüssigkeit gefüllt ist, mit reiner, purer Energie der Schöpfung. Dies ist die Quelle deines ganz besonderen Lebens. Der Raum ist die Essenz deines Seins, dein

Spielzimmer, in dem dein Leben neu entstehen kann. Hier bist du reine Existenz, das »ICH BIN«. Hier bist du ganz und gar Seele, hier hast du die alleinige, vollständige Schöpferkraft.

Nun ist es an dir, den Raum zu füllen. Er lässt sich deinen Wünschen immer neu anpassen. Wie formst du ihn? Wie groß soll er sein? Gibt es angrenzende Zimmer? Wie sehen sie aus?

Vielleicht gibt es Plätze, die deinen Lebensbereichen entsprechen. Vielleicht ein Zimmer für die Liebe, eines für die Familie, eines für den Beruf und eines für die Freizeit? Noch weitere? Oder andere?

Lasse deiner Fantasie freien Lauf. Genieße es, alles neu zu gestalten. Alles, was du erschaffst, wird aus der Quelle deiner Schöpferenergie genährt. Die Quelle ist grenzenlose und reine Liebe. Sie bleibt ewig gefüllt. Nutze sie.

Lasse die göttliche Energie des Ursprungs in alle Bereiche deines Lebens fließen, die Kraft und neue Entscheidungen brauchen. Du bestimmst, was du verändern möchtest. Aber beachte: Aus jeder Wahl ergeben sich Konsequenzen.

Gestatte dir, etwas Neues auszuprobieren. Befreie dich von Einschränkungen, und lasse deinem Spieltrieb und deinen Gefühlen freien Lauf. Hier ist alles möglich. Spüre das »ICH BIN«.

Es ist dein Leben, es ist deine Freiheit, dein Anspruch auf Glück. Erlaube dem Leben jetzt, dir deine Wünsche zu erfüllen. Deine neuen inneren Bilder dürfen sich nun im Außen verwirklichen. Und manchmal sind es sogar Wunder, die geschehen.

Nach 30 Tagen kannst du spüren, wie viel Freude es macht, Schöpfer oder Schöpferin zu sein. Es wird dir leichter fallen, neue Entscheidungen zu treffen. Du wirst größere Gelassenheit spüren. Das Leben entwickelt sich neu – zu deinen Gunsten.

Du kannst diese Übung noch verstärken, wenn du nach der Visualisierung die Affirmation sprichst.

Affirmation

Stelle dich so oft wie möglich vor einen Spiegel, und sprich die Worte in deine Augen und dein Herz:

»Ich bin verbunden mit dem Ursprung allen Seins. Aus dieser Quelle schöpfe ich, und dank dieser Quelle bin ich Schöpfer/Schöpferin. Ich genieße mein Leben.«

Fühle die Kraft dieser Worte und ihre göttliche Energie. Du bist ein göttliches Geschöpf, das auf dieser Erde in einem wundervollen irdischen Körper Erfahrungen macht – für dich selbst und alles, was existiert. Schön, dass es dich gibt!

Das Sternentor der Weisheit und Integrität

Die Botschaft

Ich bin mit euch und in euch, geliebte Seelen! Das göttliche Licht strahlt in euch – immer. So ganz erfüllt mit dem Licht der Wahrheit, steht es euch immer frei, im Sinne dieser Wahrheit zu handeln. Ihr spürt es jedes Mal deutlich, wenn ihr im Sinne eurer tiefsten Weisheit handelt und euch dem Licht in euch zuwendet. Ihr werdet wahrhaft authentisch! Ihr erleuchtet euch selbst, indem ihr mit dem Strom eurer Wahrheit und Weisheit fließt. Lebt das Wissen um die Kraft des Göttlichen in euch. Dann werdet ihr zu den Menschen, die ihr wirklich seid: wahrhaftig, integer und aufrichtig. Dann leuchtet das Licht aus euch heraus. Ihr entzündet die Fackel der Liebe in der Welt mit großer Leichtigkeit. Wunder und Leben fließen satt und wunderschön durch euch hindurch. Ihr seid endlich eins, weil ihr aufrichtig mit euch und allem seid, was existiert. Ihr werdet immer geliebt für euren Mut, zu leben, meine Kinder.

Empfangen durch Sonja Ariel von Staden als Sternentor für 2007 im Dezember 2006
und als Urkraft der Weisheit und Integrität im April 2008

Bedeutung

Weisheit ist gelebtes Wissen. Integrität bedeutet, dass deine Handlungen deinem aufrichtigen Selbst entsprechen. Zwei große Worte – vereint in einer berührenden Botschaft. Weisheit und Integrität, diese beiden elementaren Begriffe prägen die Verhaltensweise, die wir uns für die Neue Zeit wünschen.

Sei dir bewusst, dass du ein leuchtender Knoten im unendlich großen Netzwerk der Energie bist. Du bist einzigartig und wichtig für alles im Hier und Jetzt. Deine Seele ist mit einem Plan und einer Bestimmung auf diese Erde gekommen. Du bist bedeutend, denn du erschaffst mit deiner besonderen inneren Ausrichtung

Materie und Wahrheit im Universum. Du hast die Kraft und die Macht, in deinem Leben etwas Besonderes zu leisten, wie jede Seele, die sich entschlossen hat zu inkarnieren.

Du hast den freien Willen, deine Entscheidungen zu treffen, wie es dir gefällt, und du triffst jeden Tag neue, vielfältige, große und kleine Entscheidungen. Wie auch immer deine Umwelt sie bewertet – du allein bestimmst, ob sie zu deinem Besten geschehen.

Jeder Entschluss, den du triffst, hat eine Auswirkung auf das schimmernde Netzwerk, durch das du mit allem verbunden bist. Deine Mitmenschen reagieren auf deine Handlungen, ob in Gedanken, Worten oder Taten.

Das Netzwerk der Energie ist ein wunderbares Bild dafür, dass alles um dich herum permanent miteinander kommuniziert. Es ist wie ein leises, flüsterndes Singen, das dich umgibt. Dein Bewusstsein kann aus dem Strom der Gedanken und Ideen jederzeit Informationen abrufen. Wie in einem gigantischen göttlichen Computer fließt die Energie durch uns alle hindurch und versorgt uns mit wichtigen Details über unser Leben.

Wenn du dein Herz und deinen Geist weit öffnest, kannst du spüren, dass du eins bist mit allem auf dieser Welt und weit darüber hinaus – und du kannst dies nutzen.

Du kannst auf dieser schönen, bunten Erde viel Wissen sammeln. So viel geschieht und existiert hier. Jede Zelle ist voller Wissen, und dieses Wissen verwandelt sich in dem Moment in Weisheit, in dem du reflektierst und es so einsetzt, dass du glücklich mit dem Ergebnis deiner Handlungen bist.

Weisheit hat Respekt vor der Einzigartigkeit des Gegenübers. Sie ist voller Güte, Liebe und Achtsamkeit. Wenn du weise handelst, fühlst du eine tiefe Gelassenheit in dir. Du triffst deine Entscheidungen mit innerem Frieden.

Eine solche Handlungsweise nennt man »integer«. Bewusstes Handeln im Rahmen deiner persönlichen Moral wirkt auf deine Umgebung ehrlich und kraftvoll. So wie du einem Mitmenschen freundlich und respektvoll begegnest, kann dieses Gegenüber auch dir begegnen. Ursache und Wirkung finden hier einen gesegneten Rahmen.

Authentisch zu werden, beginnt mit dem Tag deines bewussten Erwachens – wenn du erkennst, dass dein Leben noch so viel mehr zu bieten hat, als dein schlummernder Geist bis zu diesem Zeitpunkt wahrnehmen konnte. Du erkennst dich selbst, weil du dich im glänzenden Spiegel deiner Seele betrachtest. Je mehr du weißt, wer du bist, desto leichter kannst du weise und integer handeln. Dies ist ein Segen für die Welt!

Reflexion

Eine Bewusstseinsübung – Eine 30-Tage-Übung

Weisheit und Integrität beruhen auf Erfahrung und Bewusstsein. Du kannst sie trainieren und zur Reife bringen, indem du dich selbst aufmerksam beobachtest und indem du reflektierst.

Du kannst diese spannende Bewusstseinsübung immer wieder zwischendurch praktizieren oder sie als 30-Tage-Übung machen, um dein Bewusstsein in einem Quantensprung um ein Vielfaches zu erweitern.

Nutze hierfür dein Lebensbuch. Nimm dir Zeit. Spüre in dich hinein. Was beschäftigt dich gerade besonders? Gibt es Situationen, in denen du anders handeln oder behandelt werden möchtest?

Schreibe auf, was dir wichtig ist. Wie willst du dich fühlen? Notiere, wie du dir dein Leben in einem optimalen emotionalen und körperlichen Zustand vorstellst. Empfindest du Respekt und Achtsamkeit für dich selbst? Kannst du sie geben? Tust du dir selbst gut? Sorgst du für dich? Bist du dir selbst gegenüber ehrlich? Handelst du weise?

Es ist ein mutiger Schritt, das eigene Verhalten immer wieder bewusst zu beobachten. Sich selbst gegenüber ehrlich zu sein, ist dabei der Anfang. Im Buddhismus gibt es den »unbeteiligten Beobachter«. Du kannst einen Teil von dir selbst bitten, zuzuschauen, was du den ganzen Tag über erschaffst. Zwischendurch kannst du bewusst in die Rolle des unbeteiligten Beobachters hineinschlüpfen und fühlen, wie die Situation auf einen Außenstehenden wirkt. Dein unbeteiligter Beobachter ist frei von Kritik. Er sieht klar und deutlich, wie die Dinge sind. Er verurteilt nicht, sondern hilft dir mit konkreten Ideen, wenn er dein Verhalten eine Weile beobachtet hat.

In deinem Lebensbuch kannst du beide Sichtweisen notieren. Aus der Rolle des unbeteiligten Beobachters heraus hilfst du dir selbst dabei, dich immer besser kennenzulernen!

Affirmation

Stelle dich vor einen Spiegel. Betrachte dich in deiner Einzigartigkeit. Spüre dein Herz, und sei offen und ehrlich zu dir. Dann sprich dir in deine Augen:

»Ich nehme mich und meine Umwelt bewusst wahr. Ich fühle mich selbst, meine Weisheit und Wahrheit. Ich handle bewusst und nach bestem Wissen.«

Wenn du mit offenen Augen und offenem Herzen durch dein Leben gehst, wirst du schnell spüren, wie du authentisch handeln kannst. Sei du selbst, zu jedem Zeitpunkt. Stehe zu dir, zu deiner Entwicklung, deinen Träumen und Zielen. Folge deinem Herzen. Dann handelst du weise und integer.

Das Sternentor des Findens

Die Botschaft

Was du im Außen suchst, kannst du im Innen finden! In dir steckt all die Liebe, Geborgenheit und Zuversicht, die du im Außen suchst. Alle Süchte, die du in der Zeit des Suchens entwickelt hast, sind nur Botschaften deiner Seele, die dich auf die Kraft in dir selbst hinweisen, die entdeckt und gelebt werden möchte. Wende dich in dein Innerstes und finde die Liebe zu dir selbst, denn nur du allein kannst dir geben, was du brauchst. Alles ist in dir! Wenn du wirklich willst, wirst du es finden!

Empfangen durch Sonja Ariel von Staden im Januar 2007

Bedeutung

Die Suche endet, wenn das Finden beginnt. Ich beschreibe hier eine neue Denkweise. Sie fordert dich auf, in eine andere Richtung zu blicken, und möchte dich ganz und gar aus deiner Behaglichkeit der ewigen Suche herauslocken, denn ein Suchender muss nicht ankommen ...

Ein Ziel will nicht gesucht, sondern gefunden werden. Alles in unserem Leben dreht sich um wenige wichtige Dinge. Jeder Mensch sucht und wünscht sich Liebe, Geborgenheit und Freude. Sie sind unser Geburtsrecht und das Ziel. Sie gilt es zu finden.

Beim Finden geht es um die magische Eintrittskarte in ein neues Leben, in ein freies, selbstbestimmtes Leben. Der Schlüssel heißt »Selbstverantwortung«. Du übernimmst die volle Verantwortung für dich und dein Leben und begibst dich auf einen neuen Weg, wenn du deine wahren Träume und Ziele erkennst, jene, die deinem ureigenen Lebensplan entsprechen. Dadurch fließt neue, frische Energie aus deiner inneren Seelenquelle. Sie verwandelt die Steine, die dir im Weg liegen mögen, in winzige Sandkörner. Diese Energie lässt dich deutlich wahrnehmen, was das Ziel deiner Suche sein wird. Das ist das Geheimnis!

Dann weißt du um den Punkt, auf den du zusteuerst, dann sind freudige, intensive Gefühle mit dem Wunsch verbunden, dass dein Traum wahr wird. Alle Sinne malen sich bis ins kleinste Detail aus, wie die Verwirklichung des Traums sein wird. Dich ruft eine wahre Vision, die deinem Lebensplan entspricht, und du gehst voller Zuversicht auf direktem Weg auf sie zu. In deinem Herzen sind Hoffnung und tiefer Glaube. Das Ziel wird mit jedem Tag deutlicher und greifbarer, bis es schließlich jubelnd erreicht ist. Ein glücklicher Finder liebt sich selbst und sein Leben – weil er verstanden hat.

Etwas zu finden, fühlt sich wirklich gut an. Tief erfüllt stehst du mitten im Leben. Du fühlst dich stark, frei und selbstbestimmt. Du kannst den Duft des Erfolges wahrnehmen, denn du bist deinem inneren Stern gefolgt. Du hast es für dich selbst und dein Wohlbefinden getan. Du kannst die Welt umarmen, die dir dieses Hochgefühl ermöglicht.

Du hast etwas erschaffen, bist Schöpfer oder Schöpferin, und du kannst stolz auf dich sein. Zudem hast du ein deutliches Signal in die Welt gesetzt. Du versprühst die Gewissheit, dass alles möglich ist, wie ein weithin sichtbares Feuerwerk. Jeder Mensch kann es sehen und neue Zuversicht für die eigenen Ziele bekommen. Mit diesem großen Glück in dir wirst du zu einem Botschafter der Neuen Zeit. Du brauchst dafür nichts weiter zu tun, als einfach dein Leben zu genießen.

Jeder Mensch darf und kann Träume und Wünsche manifestieren. Je klarer und bewusster du in dir spürst, was du brauchst, desto besser und schneller wirst du es finden. Mit Leichtigkeit kannst du dann durch dein Leben tanzen. Es wird zu einem fantastischen, unerschöpflichen Füllhorn. Wie ein Magnet wirst du die schönen Dinge, wundervollen Ereignisse und tollen Menschen anziehen, die du dir wünschst.

Echtes Finden
Eine Aufmerksamkeitsübung

In dieser Übung geht es darum, in den folgenden Tagen deine Gedanken und vor allem die gesprochenen und geschriebenen Worte zu beobachten. Wenn du mit anderen Menschen über deine Pläne für die Zukunft, deine Träume und deine Ziele sprichst, kannst du einfach das Wort »suchen« durch »finden« ersetzen:

Statt »Ich suche schon so lange nach ...« sagst du »Ich finde jetzt ...!«.

Wenn dich jemand fragt, was dein nächstes Ziel ist, kannst du es zum Beispiel so formulieren: »Ich finde gerade einen Weg, um ... zu bekommen« oder »Ich habe klar vor Augen, dass ich ... haben werde/bin.«

Dir wird auffallen, wie aktiv du wirst, wenn aus dem passiven, hilflosen Suchen plötzlich ein aktives, spannendes Finden wird. Du richtest dich mit Kraft und großer innerer Sicherheit neu aus.

Um dich wirklich intensiv in das wunderbare Gefühl echten Findens zu bringen, kannst du in deinem Lebensbuch all deine Wünsche und Träume in solchen »Finden«-Sätzen aufschreiben. Erfinde dein Leben neu! Mache dir einen großen Spaß daraus, sei kreativ, und schreibe alles auf, was dir einfällt. Je mehr fließt und sprudelt, desto mehr kann in Erfüllung gehen.

Halte nichts zurück, lasse dich durchströmen vom eigenen Schöpferdasein. Worte und Gedanken werden lebendig, wenn du ihnen Nahrung, Aufmerksamkeit und Respekt entgegenbringst. Sie allein sind schon Wunder, denn sie erfüllen ein ganzes Universum mit Leben!

Affirmation

Überlege dir in aller Ruhe, was du im Moment am liebsten finden willst. Dann stelle dich vor den Spiegel, und fühle ganz tief in diesen Wunsch hinein. Sieh vor deinem inneren Auge, dass du schon gefunden hast, was du möchtest. Fühle die prickelnde Energie des Glücks, wenn alles da ist, was du dir wünschst.

Dann sprich voller Zuversicht und Liebe zu dir selbst diese Worte tief in dein Herz:

»Ich bin auf der Erde, um mein Leben zu genießen. Ich finde voller Leichtigkeit ... (ergänze den Satz um deinen Wunsch). Es ist schön, ... (dein Wunsch) in meinem Leben zu wissen!«

Mit diesen Worten ist dein Wunsch bereits so gut wie erfüllt, denn mit Liebe und Glück ziehst du ihn an, zu dir, in dein Leben. Du weißt, dass du es verdient hast, glücklich zu sein – und du siehst das Wunder, statt an ihm vorbeizulaufen. Das »Paket« wird geliefert, öffne dem Boten einfach die Tür, und nimm es entgegen – und dann viel Spaß damit!

Das Sternentor
der Lebensfreude

Die Botschaft

Lebensfreude ist die Essenz allen glücklichen Lebens auf dieser Erde. Sie ist ein Geschenk und wurde mit großer Liebe gegeben. Das Gefühl der Freude, des Glücks und der Leichtigkeit kann von jeder Seele empfunden werden. Nehmt das Geschenk an, und lasst die Freude in eure Herzen hinein – damit sie aus euch herausstrahlen und die Welt schöner machen kann!

Empfangen durch Sonja Ariel von Staden im Januar 2007

Bedeutung

Lebensfreude ist das »Salz in der Suppe«. Sie würzt den Alltag und sorgt für Momente voller Spaß und Heiterkeit. Lebensfreude leuchtet wie die Sonne an einem herrlichen Sommertag. Sie tanzt wie ein Schmetterling über einem leuchtenden Meer aus Frühlingsblumen. Sie kribbelt durch deine Adern und taucht die Welt in goldenen Glanz.

Freude am Leben zu haben bedeutet, für alles offen zu sein, was da kommen mag – immer mit dem Gedanken im Hinterkopf, dass du es jeden Tag verdient hast, glücklich zu sein. Die Arme weit geöffnet, ein Lächeln auf den Lippen und voller Vertrauen in dich selbst – so können die Geschenke kommen, die dein Lebensplan für dich vorsieht. Sie sind da. Sie warten nur darauf, dass du dich an ihnen erfreust.

Stimmungen des Tages beginnen, wie vieles, mit einem Gedanken, oftmals mit dem allerersten, den du morgens denkst. Beobachte, wie du dich fühlst, wenn du erwachst. Möchtest du lieber die Decke über den Kopf ziehen und den Tag verschlafen, oder möchtest du mit einem Lächeln auf den Lippen und summend vor Freude in den Tag starten?

Alles im Leben ist eine Frage der inneren Einstellung, besonders wenn es um Freude, Glück und Leichtigkeit geht. Es liegt immer an deinem Fokus, an deinem Blickwinkel, aus dem du die Dinge betrachtest und wahrnimmst. Es ist dein Gefühl zu den Ereignissen, das dich dazu bringt, Spaß am Leben zu haben oder nicht.

Wenn du wirklich voller Lebensfreude durch den Tag tanzen möchtest, kannst du immer neue, gute Gründe finden, um glücklich zu sein. Es sind die vielen kleinen Momente, die es dir ermöglichen, mit frischem Elan und großer Begeisterung den Tag zu beginnen und abends zufrieden einzuschlafen.

Du kannst Augenblicke der Freude sammeln wie kostbare Edelsteine. Glück ist eine kleine Gefühlsexplosion, die dein Herz hüpfen lässt. Es ist das Sahnehäubchen auf allen Momenten und jedes Mal ein kleines Wunder. Es erfüllt dich mit Leichtigkeit, Heiterkeit und einem prickelnden Gefühl von Liebe zum Leben. Diese Momente füllen schon bald deine Erfahrungsschatztruhe bis zum Rand mit glitzerndem Entzücken, lautem Jubel und vibrierender Euphorie.

Gerne hier auf der Erde zu sein, das ist die Basis für wirklichen Genuss und wirkliche Lebensfreude. Es ist dein Planet, deine Station im großen, weiten Universum, die du dir einst als Aufenthaltsort gewünscht hast. Du hast eine Luxusreise auf die Erde mit allem Komfort und einem riesigen Sondererlebnispaket gebucht – und auch bekommen. Es war dein tiefster Wunsch, all diese Abenteuer zu erleben, dich selbst zu erfahren und jeden Augenblick zu genießen.

Dein Wunsch ist also erfüllt worden. Nun ist es an dir, dich selbst zu beglückwünschen für diese einzigartige Erfahrung und endlich an das große Buffet zu treten, um dich satt zu essen an diesen wundervollen Momenten, die es auf der Erde mit Freuden zu erleben gibt.

Das Leben umarmen
Eine entspannende Übung

Nimm dir dein Lebensbuch zur Hand, und notiere, was dir wirklich Freude macht. Schreibe alles auf, was dir einfällt – bis du das Gefühl hast, dass alles aufgeschrieben ist. Dann nimm dir ein großes Blatt Papier – wenn möglich in Postergröße –, und schreibe noch einmal alles in besonders leuchtenden Farben und in deiner schönsten Handschrift ab. Verziere alles mit ein paar liebevollen, lustigen Zeichnungen, Aufklebern oder zu deiner Freude passenden Bildern aus Zeitschriften.

Hänge das Poster dann gut sichtbar in dem Raum auf, in dem du die meiste Zeit verbringst. Betrachte es so oft wie möglich, und spüre dabei das prickelnde Gefühl der Freude in dir.

Sorge nun dafür, dass du jeden Tag etwas für dich tust, was dir Spaß macht und dich mit Lebensfreude erfüllt. Es können kleine Dinge oder große Unternehmungen sein – ganz wie es dir gefällt. Manchmal bereitet es auch sehr viel Vergnügen, aus der Routine des Alltags auszubrechen und etwas besonders Verrücktes zu machen. Solche kleinen Abenteuer sorgen für Abwechslung und hinterlassen wundervolle Erinnerungen.

Lerne, auf die Augenblicke zu achten, die dir wirklich Freude machen. Richte deine Aufmerksamkeit auf die schönen Ereignisse, und gib dem Leben die Möglichkeit, dich auf grandiose Weise zu überraschen.

Nimm dir abends Zeit, und notiere alle feinen Momente, die dir Spaß gemacht haben. Du wirst merken, wie leicht es sein kann, das Leben wirklich zu genießen.

Affirmation

Stelle dich vor einen Spiegel, und schaue dich an. Fühle die Erde unter deinen Füßen. Hier wolltest du sein und all die Erfahrungen machen, die du bereits machen durftest. Jetzt ist es Zeit, dein Leben auszukosten. Sprich dir tief in die Augen:

»Ich liebe mein Leben. Es ist einzigartig und wunderschön. Die Erde bietet mir viele Möglichkeiten, Spaß zu haben. Ich genieße jeden Augenblick!«

So wird es sein, wenn du es wirklich willst!

Das Sternentor der Fülle

Die Botschaft

Das gesamte Universum ist ein Ort der Fülle. Für alle und alles ist jederzeit Energie im Überfluss vorhanden. Wir bitten euch, zuzugreifen! Das Universum liegt euch zu Füßen, es wartet darauf, angenommen zu werden. Allein eure Glaubenssätze und eure Vorstellungen entscheiden, ob Fülle in euer Leben fließen kann. Es ist euer Fokus, der sich sein Ziel sucht. Für alle Seelen ist Liebe, Glück und Wohlstand auf allen Ebenen geplant.

Es gilt immer wieder, euch für euren eigenen Glauben zu entscheiden: »Was glaubst du, hast du verdient? Kannst du frei und lebendig deine Erfahrungen von Fülle und Reichtum auf allen Ebenen machen? Sowohl materiell als auch emotional entscheidest du allein, was du erfahren willst. Die Schöpferkraft für deinen Überfluss und dein Wohlbefinden liegt in dir. Entscheide dich immer wieder neu – für die Fülle!«

Empfangen durch Sonja Ariel von Staden im März 2007 und im November 2009

Bedeutung

Fülle ist immer um dich herum, in jedem Augenblick deines Lebens, denn das Universum ist Fülle pur. Es pulsiert mit der Schwingung unerschöpflicher Lichtenergie, ist geschmückt mit einer verschwenderischen Anzahl von Sternen und Planeten und birgt eine Vielzahl von Geheimnissen und Wundern – von denen du eines bist!

Auch du bestehst aus einer Fülle von Lichtimpulsen, die sich in den Zellen deines Körpers sammeln. Dank dieser Energie existiert deine Seele jetzt in diesem Moment auf dem Planeten Erde. Kannst du die Fülle von Impulsen und Ideen, von Gefühlen und Weisheit, die sich in dir befindet, fühlen?

Das Leben auf dieser Erde ist eine Verbindung aus Vielfalt, Schönheit und Kraft. Jeder Augenblick ist voller einzigartiger Ereignisse, die du mit den Augen erblicken, mit den Ohren erlauschen und mit dem Herzen erfühlen kannst.

Die Fülle des Seins ist ein Geschenk, das aus sich selbst schöpft. Alles lebt von der göttlichen Energie, die Tag für Tag in jeder Minute Neues erschafft.

Als Teil des göttlichen Plans bist du Mitschöpfer – voller Macht und Energie. Du kannst dich tragen lassen von Engelsflügeln, kannst dich vom göttlichen Funken inspirieren lassen, der dich durch ein Leben begleiten möchte, das vor Fülle nur so überläuft.

Öffne all deine Sinne und dein Herz für die wunderschönen Gaben, die in dir und im gesamten Universum enthalten sind. Sei bereit für ein prachtvolles Leben im Licht der göttlichen Schöpfung – es wartet nur darauf, von dir gelebt zu werden. Die Fülle breitet sich leuchtend vor dir aus. Von der kleinsten kostbaren Blüte bis zum großartigen Sonnenuntergang nach einem Tag voller Lachen, Liebe und Leichtigkeit, vom winzigsten Sandkorn bis zum erhabensten Bergmassiv, vom Sonnenfunkeln in einem Tautropfen bis zur Majestät eines riesigen Regenbogens – im Kleinen wie im Großen lebt die Vielfalt der Schöpfung davon, dass du sie erlebst!

Fülle leben

Vier einfache Schritte, um die Fülle zu erfahren
Neu ausrichten > Erkennen > Annehmen > Genießen

Neu ausrichten

Schließe die Augen, und spüre in dich hinein. Fühle dein Herz, deinen Atem und deinen lebendigen Körper vom Kopf bis zu den Füßen. Worauf hast du deinen Fokus in diesem Moment gerichtet? Was geht in dir vor? An welche Erlebnisse denkst du?

Erkennen

Wenn dein Fokus bisher auf Ereignissen und Gefühlen ruhte, die jenseits der Fülle lagen, ist es jetzt an dir, dies zu ändern. Verändere deinen Blickwinkel. Erinnere dich an Momente des Glücks, an Bilder blühender Schönheit, an die Kraft und Wärme der Sonne. Du weißt, wie sich das Schöne der Welt anfühlt und wie es aussieht. Öffne dein Herz, und spüre die Fülle der Welt und die Fülle deines Lebens. Richte deine Aufmerksamkeit auf die Vielfalt der Lebewesen, die mit dir die Erde teilen, auf die leuchtende und prachtvolle Fülle der Natur und jedes einzelne Lächeln, das dir bereits geschenkt wurde.

Annehmen

Nun erkennst du zutiefst, dass du die Fülle fühlen kannst. Deine Wahrnehmung hat den Punkt gefunden, an dem sie sich mit einem glücklichen Seufzer in der Erinnerung und der Freude verankert.

Sobald du anerkennst, dass auch du dich in einem Meer von Fülle befindest, bist du frei. Sobald du aus tiefstem Herzen annimmst, dass alles vorhanden ist, was dir helfen kann, deinen Weg zu finden, tauchst du in die Fülle ein.

Genießen

Du selbst formst deine Wahrnehmung und dein Bewusstsein. Deine Seele liebt jeden Augenblick und genießt die Vielzahl der Erfahrungen, die du hier auf der Erde machen darfst. Du möchtest etwas erfahren, hast es aber bisher ruhen lassen? Dann wecke es auf!

Genieße voller Bewusstsein deine göttliche Schöpferkraft, und forme aus der Fülle aller Energie eine neue Wahrheit, ein neues Leben. Alles ist möglich, wenn du dich an die Fähigkeiten erinnerst, die du hast. Öffne dein Herz für die Geschenke des Lebens, entscheide dich für die Fülle, nimm sie an, und genieße sie. Dies ist dein ewiges Geburtsrecht. Jeder Mensch auf Erden hat es verdient, Fülle zu erleben. Es ist an dir, es dir zu gestatten und in die Sonne des Lebens hinauszutreten.

Fülle erfahren

Eine Visualisierungsübung für den Start in den Tag
Eine 30-Tage-Übung

Praktiziere diese Übung bitte 30 Tage lang jeden Morgen nach dem Aufwachen.

Du kannst dir die Fülle, die du spüren und erleben möchtest, als breiten, glänzenden Strom aus leuchtendem Gold vorstellen. In diesem Fluss der goldenen Energie ist alles enthalten, was du dir für dein Leben wünschst. Fülle das Bild des Stromes mit Kraft und Gefühlen. Kannst du das Glitzern und die Pracht sehen, kannst du das Kribbeln der Freude in dir spüren?

Nun hüpfe hinein in den Fluss der Fülle. Wie fühlt sich diese himmlische Energie an? Lasse dich tragen, treibe auf dem Strom dahin. Dann tauche unter. Du kannst sie atmen, die reine Energie der Fülle. Lasse nun jede deiner Zellen das Bewusstsein von Fülle, Unendlichkeit und Glück aufsaugen. Du bist satt, zufrieden und glücklich. In dir pulsiert nun glitzerndes Gold, es durchströmt dich jeden Augenblick und erinnert dich daran, dass du gerade pure Fülle erlebst.

Dann stelle dich hin, die Beine sind etwa schulterbreit auseinander, hebe deine Arme zur Decke, und sage leise oder laut: »Danke, liebes Leben! Ich nehme deine Geschenke an!« Nach 30 Tagen wirst du dich aus tiefstem Herzen für die Wunder und die Geschenke, die das Leben für dich bereithält, geöffnet haben. Wenn du diese Visualisierung durch die nachfolgende Affirmation ergänzt, wirkt die Übung noch intensiver.

Affirmation

Stelle dich so oft wie möglich vor einen Spiegel, und sprich die Worte in deine Augen und dein Herz:

»Ich lebe in vollkommener Fülle und liebe mein Leben. Ich nehme die Geschenke des Lebens gerne an!«

Fühle die Kraft dieser göttlichen Wahrheit, und genieße es, diese Worte zu sprechen. Alles wird dir geschenkt, wenn du bereit bist, die Fülle anzunehmen. Du hast es verdient.

Ein Tipp: Du kannst die Affirmation auch auf viele kleine Zettel schreiben, die du an den Orten aufhängst, an denen du dich während des Tages aufhältst. Je öfter du die Worte liest, aussprichst und fühlst, desto mehr Kraft bekommen sie.

Das Sternentor
der bedingungslosen Liebe

Die Botschaft

Euch wurde das Geschenk der bedingungslosen Liebe gemacht. Liebe, die fließt, gibt dem Leben Kraft. Liebe, die frei ist von Bedingungen und die Erwartungen entspannt beiseitelässt, kann Herzen in Licht verwandeln. Die Menschen sind auf der ewigen Suche nach einem liebevollen Ganzsein, nach einer Möglichkeit, die göttliche Einheit auch im menschlichen Leben zu spüren. Durch bedingungslose Liebe könnt ihr spüren, wie leicht es wird, sich ganz zu fühlen. Wenn alle materiellen Wünsche, alles körperliche Sehnen und alle Ideen des Egos nicht mehr wichtig sind, entsteht Einheit auf einer Ebene, die frei ist von Streben und Wollen. Bleibt ganz tief bei euch, findet euren inneren Frieden und das »Selbst-bewusst-Sein«, dass ihr genau so richtig seid, wie ihr seid. Dann habt ihr die Basis für das, was Liebe wahrhaftig macht. Öffnet euch – wir helfen euch dabei!

Empfangen durch Sonja Ariel von Staden im März 2007

Bedeutung

Liebe ist alles. Sie ist in allem, durchdringt alles und gibt allem Leben den ersten, klingenden Impuls. Sie ist der erste Gedanke und die reine, erquickende Verbindung zur Quelle allen Seins. Sie ist der göttliche Gedanke und der Grund, warum das uns bekannte Universum entstanden ist. In allem ist Liebe – und der Wunsch, durch die Kraft der Energie und der Materie Grenzen zu erfahren und sie zu überwinden. Dein Impuls, dieses Leben zu beginnen, entstand einst aus dem Wunsch, Liebe in ihrem ganzen Spektrum zu erfahren. Nur die Liebe – und ihre Abwesenheit – ermöglicht die Vielfalt an Gefühlen, zu denen du fähig bist.

Die ewige Sehnsucht des Menschen führt ihn den Lebensweg entlang auf das eine, große Ziel zu: wieder eins zu sein mit allem in absoluter, bedingungsloser Liebe. Leuchtend und strahlend wie die Sonne zeigt sie dir auch den Pfad. Sie erfüllt dich jederzeit mit Hoffnung und Zuversicht. Sie wärmt dich an jedem noch so kalten Tag. Sie brennt in dir und will hinaus, um sich hingebungsvoll zu verströmen. Sie möchte sich mitteilen, vermehren und die Herzen verbinden.

Bedingungslose Liebe erfahren zu wollen, ist verbunden mit dem Wunsch, heimzukehren. Es ist wie die Suche nach dem Paradies, doch vergiss nicht: Dein wahres Zuhause und auch das Paradies befinden sich in dir! Die Quelle allen Seins ist in dir verborgen. Suchst du sie außerhalb deiner selbst, kannst du dich im Nebel des Suchens verirren. Die wahre Erkenntnis ist, dass alles in dir begonnen hat – im Zentrum deiner Seele, dort, wo deine Heimat ist. Dort bist du mit allem verbunden, und dort, in dir, ist auch alle Schönheit und Weisheit.

Ursprüngliche Liebe ist rein, zart und weich wie Seide, die deine Seele streichelt. Sie hüllt dein Selbst ein und gibt dir die Kraft, dem Jetzt zu begegnen. Sie hilft dir dabei, die Herausforderungen des Lebens zu meistern, denn sie ist die Quelle aller Energie in dir.

Du allein entscheidest, wie du die Liebe wahrnehmen möchtest. Wenn du einem Menschen in Liebe begegnest, ist es deine freie Entscheidung, ob du Bedingungen an diese Liebe knüpfst oder ob du sie in ihrer eigenen Geschwindigkeit und nach eigenen Gesetzmäßigkeiten fließen lässt. Aber bedenke: Mit jeder Erwartung, die du loslassen kannst, vermehrt sich die Liebe in dir. Mit jeder Bedingung, die du loslässt, schenkst du der Liebe in dir die Freiheit, sich ganz und gar auszubreiten und dich zu erfüllen.

Bedingungslose Liebe gibt dem Leben und den Menschen Raum, sich zu entfalten. Sie ist ewig – auch in dir. Es ist eine wundervolle Aufgabe, mit jedem Tag die Liebe befreiter zu erleben. Dann wird sie wie ein Vogel sein, der aus dem Käfig fliegen darf und der zum Dank das allerschönste Lied für dich singt.

Bedingungslose Liebe in dein Leben einladen

Eine 30-Tage-Übung

Wenn du die Essenz der Liebe erleben möchtest, kannst du mit dieser Übung auf wundervolle Weise alles loslassen, was dir im Wege steht.

Nimm dir 30 Tage lang eine halbe bis ganze Stunde am Tag Zeit. Mache es dir kuschelig und gemütlich. Nimm dein Lebensbuch zur Hand, und notiere, was du mit Liebe verbindest.

Schreibe in der ersten Woche deine Gefühle auf, deine Erfahrungen und Bedürfnisse. Gefühle, Erfahrungen, Bedürfnisse sind drei wichtige Kategorien, die dir ein Bild von deinem persönlichen Erleben der Liebe vermitteln. Am besten nimmst du pro Kategorie ein ganzes Blatt und lässt Platz, damit du in den folgenden Tagen weitere Erkenntnisse und Erinnerungen dazukommen lassen kannst.

Lasse dir Zeit. Wenn du jeweils das Gefühl hast, dass du alles notiert hast, was dir einfällt, schließe die Augen, und tauche ein in den Raum deines Herzens. Spüre die Quelle der Liebe in dir. Bade ausgiebig in der reinen, göttlichen Liebesessenz, bis du sie überall in dir und deinen Schwingungsfeldern fühlst. In dieser Quelle wirst du so geliebt, wie du bist – mit all deinen großartigen Fähigkeiten, allen Ecken und Kanten, mit deinen ganzen Ideen und deinem besonderen Sein. Fühle es zutiefst!

Notiere in der zweiten Woche alles, was du mit der Liebe zu den Menschen verbindest. Auch hier gibt es drei Kategorien: die Liebe zu deiner Familie, die Liebe zu deinen Freunden und die Liebe zu einem Partner (egal ob gerade jemand an deiner Seite ist oder ob du Single bist).

Notiere jeden Tag, welche Erwartungen du an diese Menschen hast. Gib dir auch hier Raum und Zeit, um ganz ehrlich in dich hineinzulauschen und zu erfühlen, was du empfindest und brauchst. Schaue dir genau an, was du wahrnimmst.

Wenn du spürst, dass du alles notiert hast, tauche ein in deinen Herzensraum. Dort gibt es neben der Quelle der Liebe auch die Flamme der Vergebung und der Transformation.

Schreibe im Raum der Vergebung alle Erwartungen, die du an deine Mitmenschen hast, auf einen großen Zettel. Segne diese Worte voller Mitgefühl für die Menschen und dich selbst, und wirf den Zettel dann symbolisch in die lodernde Flamme der Reinigung. Übergib die Worte und Gefühle der Kraft der göttlichen Quelle, damit sie befreit werden können. Spüre die Erleichterung und die Lösung der Blockaden, die deine Energie zurückgehalten haben.

Nun darf alles wieder fließen. Nimm zum Abschluss ein Bad in deiner Liebesquelle. Genieße es!

Ab der dritten Woche wirst du dich sehr befreit fühlen. Du begegnest den Menschen und dem Leben neu. Immer mehr Schleier fallen, deine Muster werden deutlicher sichtbar, und du kannst klar erkennen, wo die Energien der Liebe blockiert waren. Gehe mit offenen Augen und mit offenem Herzen durch die Tage, und notiere dir abends, was du erlebt hast. Betrachte die Ereignisse ehrlich, und schreibe auf, was du gelernt hast.

Dann lasse dich mit geschlossenen Augen im Strom der Liebe treiben. Lasse dich von der Liebe zu den Orten und Menschen tragen, die deine neuen Erkenntnisse aufrichtig mit dir teilen möchten. Fühle die Liebe völlig frei durch dich hindurchströmen. Sie bringt dich zu neuen Horizonten, schenkt dir neue Träume und Ziele, die deinem wirklichen Potenzial entsprechen. Wenn du dich der bedingungslosen Liebe hingibst, fließt du mit Leichtigkeit durch dein Leben und kannst es in vollen Zügen genießen. Sie ist die ewige Quelle deines Lebens. Je stärker du sie in dir spürst, desto mehr wirst du zu einem Magneten für die Liebe, die dir von außen geschenkt wird. Du lernst zu unterscheiden, wann Liebe bedingungslos ist und wann voller Erwartungen.

Du kannst die Kraft dieser Übung noch verstärken, indem du ein- bis zweimal am Tag die folgende Affirmation sprichst.

Affirmation

Stelle dich vor einen Spiegel, und sprich dir voller Liebe – und mit einem Lächeln auf deinen Lippen – folgende Worte in dein Herz und deinen Bauch:

»Ich bin die Essenz der Liebe. Ich atme sie und fühle sie durch mich hindurchströmen. Dann lasse ich sie voller Glück aus mir heraus und in die Welt fließen. Ich bin frei!«

Genieße das Gefühl der bedingungslosen Liebe!

Das Sternentor
der Herzöffnung

Die Botschaft

Öffne dein Herz für die Weite des Universums! In dir und um dich herum ist alles vorhanden, was du brauchst, um kraftvoll durch dieses Leben zu gehen. Öffne dein Herz und lasse die Heilkraft und die unendliche Liebe der ursprünglichen Quelle in dich hineinfließen. Dein Herz ist der Motor deines Lebens – sowohl energetisch als auch physisch. Sein harmonischer Gleichklang bestimmt ein harmonisches Leben. Die Liebe zu dir selbst, der du dich öffnest, bringt alles in Fluss, was für dich Glück, Fülle und Reichtum im Leben bedeutet – wahrhaftig und mit großer Freude!

Empfangen durch Sonja Ariel von Staden im April 2007

Bedeutung

Das menschliche Herz ist etwas ganz Besonderes. Seine Bedeutung für den Menschen wird von drei wichtigen, wertvollen Aspekten geprägt:

Zum einen ist es der physische Motor des Körpers. Die rhythmischen Schläge dieses starken Muskels pumpen unseren Lebenssaft bis in den äußersten Winkel unseres Leibes und versorgen jede Zelle mit Sauerstoff. Ein kraftvoller, gleichmäßiger Herzschlag ist das beste Zeichen dafür, dass ein Mensch in seiner Mitte ruht.

Zum anderen haben Wissenschaftler vor Kurzem festgestellt, dass eben dieser Herzschlag auch dafür sorgt, dass alle Organe und besonders unser Gehirn wichtige Schwingungsimpulse empfangen, die nicht über die Nervenbahnen, sondern rein energetisch fließen. Diese Schwingungen geben wellenförmig Informationen weiter, durch die alles in uns in harmonischen Einklang kommen und auf diese wahrhaft »wunder-volle« Weise miteinander wirken kann. Diese Schwingungsebenen haben Einfluss auf unsere komplexen Körperabläufe, unsere Gedanken und unsere Gefühle (nähere Informationen im Film »The Living Matrix« von Bruce Lipton und Eric Pearl).

Wir können allein mit einem liebevollen Gedanken an unser Herz und einem Hineinspüren in diesen Mittelpunkt unser Bewusstsein erweitern und uns selbst dann, wenn wir unter großem Druck stehen, wieder in Einklang bringen.

Außerdem symbolisiert unser Herz ganz vortrefflich die Liebe, die wir besonders stark über das Herz spüren. Wir reagieren auf liebevolle Worte, ein Lächeln und eine zärtliche Berührung mit freudvollem, kraftvollem Herzschlag. Und genauso spüren wir es am meisten im Herzen, wenn wir von unserem Weg abgekommen sind.

Wenn du nun in der Lage bist, alle Vorbehalte hinter dir zu lassen, und Mut hast, wirst du dich über dein Herz der Welt in einer Weise öffnen können, wie es vorher noch nie möglich war. Wenn du dein Herz öffnest, fühlst du den Rhythmus des Lebens. Du trittst in Kontakt mit allen Lebewesen und einer Weisheit, die dich einschwingt auf die Energie der Neuen Zeit. Du kannst zulassen, dass die Liebe dich mit jedem Atemzug dem großen, leuchtenden Ziel entgegenträgt: bedingungslos und ohne Erwartungen in völliger Freiheit zu lieben, einfach alles anzunehmen, wie es ist, und es wie ein kostbares Juwel zu umarmen. Du kannst Glück erfahren durch die vielen lichtvollen Momente, die uns das Universum schenkt.

Das Herz zu öffnen, wird immer belohnt. Du belohnst dich selbst, denn Liebe und Glück werden immer leichter erfahrbar. Die Freuden des Lebens können dich endlich wahrhaftig berühren!

Das Herz öffnen

Eine kleine Meditation

Suche dir einen Platz, an dem du ganz für dich sein kannst. Mache es dir bequem, sodass du dich vollkommen entspannen kannst. Schließe die Augen, und spüre deinen Körper, dieses göttliche Instrument, mit dem du auf dieser Erde wertvolle Erfahrungen machen darfst. Spüre alles, was dich ausmacht.

Atme tief in den Bauch hinein, und fühle, wie du langsam zur Ruhe kommst.

Nun fühle in dein Herz. Stelle dir vor, wie es aussieht, während es gleichmäßig und kraftvoll das Blut durch deinen Körper pumpt. Lege eine Hand auf deinen Brustkorb und spüre den Herzschlag. Verfolge, wie er durch den Körper pulsiert, und sei dankbar und stolz darauf, was dein Herz leistet!

Nun gehe einen Schritt weiter. Stelle dir vor, dass mit jedem Herzschlag Energie in kreisförmigen Wellen rund um deinen Körper schwingt. Dein Herz ist das Zentrum. Die Wellen berühren alle Zellen deines Körpers. Sie erinnern sie daran, ihrem göttlichen Plan zu folgen, heil und in perfekter Harmonie mit allen anderen zu sein. Du kannst dir die Wellen auch farbig schimmernd oder in einem besonderen Ton klingend vorstellen – ganz wie es dir am besten gefällt. Du beginnst vor lauter Lebenskraft zu leuchten.

Jetzt schwingen die Wellen weiter und verbinden sich mit den Energien der Natur, den anderen Seelen um dich herum – und schließlich auch mit der göttlichen Quelle, die in dir und in allem ruht, was existiert. Alles wird genährt durch dein Bewusstsein, und du selbst nährst und stärkst dich dadurch ebenfalls.

Spüre die Schwingungen der Welt und der göttlichen Energie. Dein Körper ist ein wunderbares kleines Kraftwerk, das sich permanent seiner Harmonie und Macht bewusst ist. Ab heute ist es an dir, diese Energie wertzuschätzen und dankbar zu sein für dieses Wunder, das du selbst bist.

Spüre die Schwingung, und fühle die Begeisterung! Sei dir deiner selbst bewusst und genieße es, deine Bewusstseinswellen zu lenken. Öffne dich der Welt, und die Welt steht dir offen.

Wenn du dich gesättigt und gestärkt hast, kehre voller Freude zurück in dein Leben.

Affirmation

Stelle dich so oft wie möglich vor einen Spiegel, und sprich die Worte in deine Augen und dein Herz:

»Ich öffne mein Herz und schwinge im Einklang mit allem, was existiert. Ich spüre Kraft, Gesundheit und freies Bewusstsein in mir. Ich bin bereit für die Liebe und das Leben!«

Dein Leben wird sich mit jedem Herzschlag erweitern. Vielleicht wirst du Wunder sehen und erleben können, weil du sie selbst mit deiner erhöhten Schwingung rufst. Du fühlst dich selbst und kannst auch das Leben richtig fühlen. Liebe ist immer um dich herum – lade sie in dein Leben ein!

Das Sternentor des Einklangs

Die Botschaft

Fühle dich im Einklang mit dem Universum! Der Urklang schenkt dir mit seiner reinen Schwingung die Gewissheit, dass alles in dir und um dich herum so ist wie geplant. Alles schwingt im reinen Ton der Klarheit, der Lebensfreude und Erfahrungen. Lasse dich davon erfüllen und mit deiner Göttlichkeit verbinden. Weitblick, Klarheit und Offenheit durchströmen deinen Geist. Sie bereiten dich darauf vor, durch das Sternentor in einen Zustand zu gelangen, der dich befreit von altem Glauben, der dich reinigt und dir die Kraft gibt, die dir jetzt noch fehlt. Schwinge und erstrahle!

Empfangen durch Sonja Ariel von Staden im April 2007

Bedeutung

Im Einklang zu sein, bedeutet, sich selbst zu fühlen und das Leben so anzunehmen, wie es in all seiner Schönheit ist.

Du existierst mit vielen anderen Seelen in einer Welt voller Wunder. Du hast ein Leben in der Polarität gewählt und somit auch all die Gegensätze, die diese Wahl mit sich bringt. Deine Seele möchte sich auf dieser Erde erfahren. Doch vergiss nicht: Deine Entscheidungen bestimmen, welche Erfahrungen du machst. Je mehr du dich selbst wahrnimmst und erforschst, desto klarer kannst du spüren, was du wirklich im Leben erreichen möchtest. Die Energie der Neuen Zeit fordert uns Menschen jeden Tag aufs Neue dazu auf. Wenn du weißt, wer du bist, was du kannst und was du willst, kommst du Schritt für Schritt immer mehr in eine harmonische Schwingung, in Einklang mit dir und deiner Umwelt. Du kannst den Klang deines Herzens spüren. Du kannst dich an deine Wünsche und Träume erinnern. Du siehst deutlich deinen Weg vor dir – deinen goldenen Pfad.

Im Einklang zu sein, gibt dir Kraft. Du fühlst deine eigene Göttlichkeit und Macht, deine Verantwortung dir selbst gegenüber, und du kannst klar formulieren, welchen Weg du gehen möchtest.

In vielen Kulturen und Religionen weiß man um den Einklang als Schwingung, die in allem vibriert. »Am Anfang war das Wort ...« heißt es auch im Johannesevangelium. Auch Worte sind Klangwellen, reine, machtvolle Schwingung. In den Upanischaden, den altindischen Schriften unter anderem über den Ursprung der Welt, ist »OM« auch das Höchste. Es befindet sich in der Mitte dieses Sternentores und ist hier Symbol für die Dreifaltigkeit der irdischen Einheiten. In vielen asiatischen Ländern wird es seit Jahrhunderten in Mantras und zur Meditation genutzt, um Körper, Geist und Seele in Einklang zu bringen. Dann klingt es als »A-U-M«, gesprochen oder gesungen, als ein weiter, freier und hoch schwingender Ton.

Wenn du dich mit dir selbst in Einklang bringst, harmonieren alle deine Fähigkeiten und Möglichkeiten miteinander. Dein Weg breitet sich vor dir aus, und deine Träume führen dich zu deinen Zielen. Im Einklang zu sein, bedeutet, Frieden zu spüren mit dir selbst und dem Leben. Du kannst dich befreien von vergangenen Erfahrungen und altem Glauben. Du kannst dich reinigen und jeden Tag Neues schaffen.

Das Universum schwingt. Schwinge in Frieden und Liebe mit.

Zurück in die Mitte – die Schwingung erhöhen

Eine einfache Übung

Wenn du dich im Alltag verzettelt hast und deine Mitte nicht mehr spürst, kannst du ganz einfach zu ihr zurückkehren. Diese Übung kannst du überall machen.

Wenn die Situation es zulässt, schließe deine Augen für einen kurzen Moment und spüre deinen Körper. Atme mehrmals tief in den Bauch. Dann beginne, leise oder laut zu summen. Es kann ein einfacher Brummton sein, die Tonlage ist nicht wichtig. Beginne, den Ton langsam in deinen Körper strömen zu lassen. Spüre, wie du vibrierst. Die Schwingung breitet sich wie ein wohliges Kribbeln aus. Dein Geist wird klar. Du kannst dir zum Beispiel vorstellen, dass dieser Laut aus goldenem Licht besteht, das durch deine Zellen fließt und sie mit Kraft, Heilung und Liebe erfüllt.

Wenn du diesen Effekt verstärken möchtest, kannst du statt des Summtons das »OM« (»AUM«) singen. Lasse die Töne in deinem Mundraum und deiner Kehle zu einer einzigen, großen Energiewelle werden, die aus dir in den Raum, in die Stadt, ins ganze Land und schließlich in die weite Welt fließt. Der Ton verbindet dich mit dir selbst und dem ganzen Universum. Du erhöhst deine Schwingung und spürst jede Faser in dir vibrieren. Alles in dir und um dich herum wird gereinigt, befreit und mit Wohlbefinden erfüllt.

Nun bist du erfrischt, wieder im Einklang und in deiner Mitte. Du kannst den Aufgaben des Lebens selbstsicher und lächelnd entgegentreten.

Musik hören und erleben
Aktiv in Einklang kommen

Lieder und Klänge begleiten uns Menschen seit Anbeginn. Über Musik bringen wir unsere Gefühle zum Ausdruck. Wir teilen uns mit und können teilhaben an den Gefühlen anderer.

Höre deine Lieblingsmusik. Spürst du die Stimmung der Lieder und Klänge? Wenn du bewusst darauf achtest, was du hörst, kannst du dich selbst erkennen. Welche Art von Musik ist um dich herum? Wie beeinflusst sie dich?
Wenn du bewusst die Art der Musikstücke auswählst, kannst du dich in eine entsprechende Stimmung versetzen:

Möchtest du inneren Frieden erfahren?
Dann ist eine leichte, sanfte Musik ohne Worte, wie etwa eine spirituelle Melodie, besonders geeignet. Suche dir einen Ort, an dem du bequem sitzen oder liegen kannst, und lasse dich von den Klängen tragen und beruhigen.
Möchtest du Kraft und Energie spüren?
Dann suche dir entsprechend temperamentvolle Lieder aus, die du auch lauter hören kannst und zu denen du tanzen und springen kannst, um wach für das Leben zu werden. Spüre die Leidenschaft und die Dynamik der Musik. Lasse deinen Gefühlen freien Lauf. Nun bist du wieder handlungsfähig und hast wieder Spaß am Leben!
Möchtest du etwas loslassen und dich befreien?
Dann wähle eine Musik, zu der du dich wild schütteln kannst, damit sich alles lösen darf, was gehen will oder soll. Schleudere die Energien, die du befreien willst, dankbar von dir. Schicke sie bewusst zurück zur göttlichen Quelle, in der sie gereinigt werden können. Mache Platz für Neues.

Öffne dich anschließend in einer Ruhephase der frischen Energie. Atme Licht, Liebe und Freude in dein Herz und deinen Geist. Entspannung breitet sich aus.

Affirmation

Stelle dich so oft wie möglich vor einen Spiegel, atme tief in dein Herz und deinen Bauch, und sprich die Worte direkt in deine Augen und deine Seele:

»Ich bin hier, weil es mein Plan ist. Ich liebe mein Leben und bin im Einklang mit mir selbst und allem, was ich erschaffe. Alles ist Schwingung. Ich schwinge in Liebe.«

Manchmal dauert es eine Weile, bis die Botschaft in deinem Herzen angekommen ist. Sei dir der Worte einfach bewusst und spüre ihrer Bedeutung nach. Im Einklang zu sein, bedeutet auch, sich der vollständigen Verantwortung für das eigene Leben bewusst zu sein. Es liegt in deinen Händen, wie du schwingst.

Das Sternentor der Heilung

Die Botschaft

Heilung in dieser polaren, dualen Welt bedeutet für euch, endlich wieder die Einheit von Körper, Geist und Seele zu spüren! Öffnet eure Herzen, lasst wieder Liebe fließen und hört die Botschaften, die Körper und Geist euch vermitteln wollen. Seid dankbar für die Warnungen. Alles macht euch darauf aufmerksam, dass ihr Ruhe, Liebe und Frieden sucht. Nun ist es an euch, innezuhalten, euer Leben zu überdenken und gut für euch selbst zu sorgen. Achtet aufmerksam und voller Liebe auf diese wundervolle Einheit, die euch das Leben auf der Erde ermöglicht. Das Leben ist ein Geschenk!

Empfangen durch Sonja Ariel von Staden im April 2007

Bedeutung

Heilung ist ein Prozess der Liebe. Dieser Prozess beginnt mit einer wichtigen Erkenntnis, zu der du bewusst oder unbewusst kommst, je nachdem, wie gut du dich selbst kennst. Heilung ist ein gelebtes Wunder, und dieses Wunder kannst du selbst erschaffen.

Wenn dein Körper oder dein Geist dir Signale sendet, geschieht dies immer zu deinem Wohle. Diese Signale mögen sich unterschiedlich anfühlen, denn Körper und Geist haben verschiedene Möglichkeiten, sich bemerkbar zu machen. Doch sie möchten dir immer dabei helfen, deinem inneren Weg zu folgen und dich in all deinen Facetten zu erfahren.

Diese Hinweise können mit einem Zwicken, einem Stolpern oder einem kleinen Husten beginnen, mit Gedanken, die sich allzu oft im Schatten umtun, statt sich dem Sonnenlicht zuzuwenden. Diese ersten, sachten Signale erhältst du, damit du erkennst, dass deine aktuelle Situation verändert werden möchte.

In diesem Stadium ist es noch leicht, innezuhalten und achtsam zu erforschen, was es ist, das verändert werden möchte. Die ersten Hinweise sind das sanfte Anklopfen an die Tür deines Bewusstseins, damit du aufmerksam hinschaust. Achtsamkeit kann trainiert werden, mit Meditationen, Übungen zur Selbstliebe und durch bewusstes Beobachten dessen, was in dir vorgeht. Achtsamkeit ist der Weg der ganzheitlichen Meisterschaft. Wenn sie sich nicht sogleich umsetzen lässt, dann denke daran, dass jeder Meister einmal seinen Weg begonnen hat und in die Lehre gegangen ist. Wenn du deinen Heilungsprozess aus diesem Blickwinkel betrachtest, schenken dir Körper und Geist eine wunderbare Möglichkeit, dich zu entwickeln.

Es ist alles eine Frage der Betrachtungsweise und deiner Lebensphilosophie. Woran glaubst du wirklich? Bist du gerne hier auf der Erde? Fühlst du dich wertvoll? Gestehst du dir das Recht ein, vollkommen gesund und glücklich zu sein? Die Beantwortung dieser Fragen kann dir dabei helfen, die Signale besser zu verstehen.

Dein Körper ist ein wundervolles, göttliches Geschenk. Du hast ihn selbst einmal gewählt, um als Seele auf dieser Erde zu spielen und Erfahrungen zu sammeln. Er kann im Einklang mit einem großartigen Geist in der Welt wirken. Körper und Geist empfangen die Botschaften der Seele, die leuchtend wie ein Stern weit über deren Grenzen hinaus schwingt. Deine Seele hat einen Plan, den sie hier auf Erden nur zusammen mit Körper und Geist erleben kann.

Wenn du dir als göttliche Seele also alles selbst ausgesucht hast, ist es an der Zeit, dass du glücklich über das bist, was du gewählt hast. Es war deine freie Entscheidung. Übernimm die Verantwortung, und beginne, voller Liebe deine Schöpfung anzunehmen und in den Prozess der Heilung einzutreten. Je achtsamer du mit deinem Leben umgehst und je besser du dich kennst, desto leiser und sanfter können die Signale werden – denn dann werden sie nicht mehr gebraucht, und Heilung kann geschehen.

Wenn du deinen Körper wirklich liebst, bist du gut zu ihm – du schenkst ihm Aufmerksamkeit, ernährst ihn gut und achtest auf seinen Rhythmus.

Auch dein Geist möchte Beachtung finden. Eine reinigende, befreiende Meditation kann Licht in deine Gedanken bringen. Sie verhilft dir zu neuen, kreativen Ideen und Lösungen.

Heilung ist Lauschen, Zuhören, Entscheiden, was wirklich wichtig ist. Heilung ist Selbstliebe und sich wohlfühlen. Sie ist manchmal Umkehr, wenn du vom Weg abgekommen bist. Wohlfühlen ist immer ein Annehmen dessen, was du willst und bist. Vor allem ist Heilsein der Moment, in dem alles, was dich ausmacht, in Harmonie miteinander schwingt und tanzt. Heilsein ist das Einssein mit dir selbst, das glückliche Ruhen in dir und das befreite Spielen mit den Möglichkeiten deines Lebens.

Heilung ist gelebte Liebe zu deinem eigenen Leben!

Das Leben umarmen

Eine kleine Achtsamkeitsübung

Es ist dein Leben – ein großartiges, freies Leben in einer Welt voller Schönheit, Liebe und Licht. Fühlst du das?

Positive Gedanken und der Blick für den Liebreiz dieser Erde sind der Beginn der Heilung. Fühle den Boden unter dir. Schaue dich um. Erkenne das Wundervolle. Lausche dem Wind, den zwitschernden Vögeln. Beobachte die Sonne, den Regen, die Bäume, die Wolken. Alles wurde erschaffen, um dir einen göttlichen Rahmen zu schenken, in dem du das Bild deines Lebens malen kannst.

Gönne dir das Gefühl, gerne auf der Erde zu sein, in deinem ganz besonderen Körper, mit einem einzigartigen Geist. Körper und Geist sind beeindruckende Instrumente mit einer Vielzahl von Möglichkeiten, um dieses Leben zu genießen.

Fühle die Erde, die du als Heimat gewählt hast, die dich trägt, nährt und hingebungsvoll liebt. Fühle dein Sein als Geschenk, das du dir selbst als ewige Seele gemacht hast. Es ist deine Betrachtungsweise, die dein Leben versüßen kann, und es sind deine Achtsamkeit und Liebe, die in allem Anmut, Harmonie und Glück erkennen können.

Menschen, die in Heilberufen tätig sind, können dir wichtige Impulse und Ideen für deinen Prozess geben. Wenn sie dir Vorschläge machen, wie du zurück auf deinen Weg kommen kannst, spüre in dich hinein, welcher dir besonders zusagt. Dein Gleichgewicht wird wiederhergestellt, wenn du deinem Bauchgefühl, deiner Intuition folgst. Dein Herz kennt die Wahrheit.

Indem du die Verbindung von Körper und Geist stärkst, kannst du aber auch selbst viel dazu beitragen, dass dein Selbstheilungsprozess mit Schwung in Gang kommt.

Heilung geschieht

Eine 30-Tage-Übung

Heilung geschieht durch Aufmerksamkeit.

In all deinen Zellen schwingt Energie. Auch dein Geist, dein Bewusstsein ist reine Schwingung. Stelle dir nun vor, wie goldenes, heilsames Licht langsam und weich von oben in dich hineinfließt. Das Licht streichelt deine Zellen und schenkt ihnen Liebe. Jede deiner Zellen füllt sich mit diesem goldenen Licht. Alles in dir erinnert sich nun an den harmonischen, gesunden Zustand, den es geben kann. Dein Körper vibriert vor Glück und nimmt sich, was er braucht.

Um diesen heilsamen Vorgang noch zu verstärken, kannst du deine Hände auf die Stelle deines Körpers legen, die die meiste Heilung braucht. Stelle dir vor, wie sich dort das heilende goldene Licht sammelt. Hülle über die Wärme und Energie deiner Hände nun ganz bewusst alle Zellen in Liebe. Du kannst die Zellen streicheln, wie du ein weinendes Kind streichelst, das getröstet werden möchte. Du kannst ihnen Dankbarkeit senden für das Signal, das sie dir geben. Dadurch hast du die Möglichkeit, dir selbst Gutes zu tun.

Nimm nach der lichtvollen Selbstbehandlung dein Lebensbuch zur Hand. Notiere deine Gefühle und deine Erlebnisse auf dem Weg der Heilung. Was wünschst du dir? Was kannst du selbst zur Heilung beitragen? Was möchtest du tun, wenn du heil bist? Spüre tief in dich hinein. Was willst du wirklich sein? Wie stellst du dir ein Leben vor, das du selbst bestimmst? Was sind deine Träume, deine Wünsche und Ziele?

Die Antworten auf diese Fragen zeigen dir den Weg der Heilung. Jeder Schritt ist wertvoll, denn er offenbart dir, wer du wirklich bist und sein kannst. Heilung ist Bewusstwerdung. Sei dir deiner selbst bewusst, dann wird dein Körper dir neue Signale von Glück und Freude senden.

Wie lange du diese Übung machst, ist deine Entscheidung. Schon ein einziges Mal schenkt dir Wohlbefinden. Übst du 30 Tage hintereinander, werden dein Körper und dein Geist viel Kraft getankt haben. Der Selbstheilungsprozess bekommt starke Impulse. Auch dein Selbstverständnis wird sich vertiefen. All dies ist Heilung.

Affirmation

Stelle dich vor einen Spiegel. Lege deine Hände auf deinen Körper, und spüre die Wärme. Lasse Liebe in dich hineinfließen. Ehre und achte deinen Körper und deinen Geist. Dann sprich dir sanft und liebevoll in deine Augen und dein Herz:

»Ich bin heil. Alles, was mich ausmacht, schwingt in Liebe und Harmonie miteinander. Ich liebe mich selbst und mein Leben.«

Diese Aussage setzt ein wichtiges Zeichen, denn sie beschreibt den perfekten Zustand, der sich durch die bewusst gesprochenen Worte immer deutlicher in dir manifestieren kann. Sende deinen Zellen den Impuls, dass du ganz bewusst den Weg der Heilung gehst und an dich glaubst.

Das Sternentor des Friedens

Die Botschaft

Geliebte Seelen! Frieden entsteht in der Tiefe, in der Weite, in der Freiheit des Individuums. Wenn ihr für euch und eure Umwelt, für die Menschheit insgesamt eintretet, wenn ihr eure Rechte und die Rechte eurer Mitmenschen wahrt, könnt ihr den Frieden spüren. Es ist eine innere Haltung der Gelassenheit und der Ruhe. Der tiefe Frieden entsteht, wenn die Materie als Hilfsmittel verstanden wird, dank dessen ihr euch entwickeln dürft. Auf der Ebene der Erde findet Frieden statt, wenn Respekt und Wohlergehen im Herzen für alles empfunden und gewünscht werden, was existiert. In Liebe und Selbstannahme entsteht der erste Funken, der sich im Universum ausbreitet wie die Wellen, die ein kleiner Stein erzeugt, wenn er in einen Teich geworfen wird. Ihr habt das Recht auf Frieden und Freiheit – lasst es erblühen und bringt somit der ganzen Welt einen Funken des Friedens.

Empfangen durch Sonja Ariel von Staden im Juni 2007

Bedeutung

Frieden ist ein Zustand und ein Gefühl zugleich. In ihm verschwimmt selbst die Zeit zu einem weichen Nebel. Im Frieden herrscht Ausgleich zwischen den Extremen, und alles ist am rechten Fleck. Alles ist zur Ruhe gekommen und in einer wunderbaren Balance.

Zufriedenheit ist eine himmlische Erfahrung. Du fühlst sie, wenn deine Wünsche erfüllt sind, wenn tiefe Befriedigung dich erfüllt, weil du erreicht hast, was du wolltest. Wenn alles friedlich ist, stellt sich ein kuscheliges, behagliches Gefühl von Geborgenheit im Leben ein. Während draußen in der Welt wilde Geschäftigkeit tobt, bist du im Auge des Sturms tief in deinem Frieden.

Frieden bedeutet auch anzukommen. Wenn dein Ziel in weiter Ferne zu liegen scheint, folgst du manchmal einem schier endlos weiten Weg, der doch letztlich zu dir selbst führt. Denn Frieden entsteht in dir. Nur in dir kannst du erfahren, was wirklicher Frieden ist. Er kommt, wenn die Wut geht, wenn Gerechtigkeit dir eine Atempause im Kampf schenkt, wenn wahre Vergebung die Wunden liebevoll heilt. Dies ist ein wahrhaft göttliches Gefühl. Die Gegensätze vereinigen sich. Yin und Yang verschmelzen zu einer glücklichen Essenz der Einheit. Hingebungsvoll kannst du mit deiner Energie fließen und erkennen, dass allein deine Entscheidung diesen Zustand herbeiruft.

Du möchtest Frieden erfahren? Du kannst ihn erschaffen. Ebenso wie das Glück, das direkt vor deinen Füßen auf jedem Schritt des Weges liegt, kannst du auch den Frieden jederzeit in dir fühlen. Glück und Frieden, beides ist da, sie möchten nur gesehen werden. Glück und Frieden sind Gefühlsgeschwister. Sobald du deinen Blick bewusst auf sie richtest, kannst du sie erkennen. Es sind deine Erwartungen, die es dir leicht machen, beides zu erfahren, oder die beides verscheuchen. Erfüllung findest du, wenn du deinen Wünschen gestattest, wahr zu werden.

Frieden geschieht im Innen und im Außen. Er breitet sich aus, wenn du ihn fühlen kannst. Er fließt wie ein köstlicher Duft in die Welt und schenkt den Menschen um dich herum ein Lächeln und ein Wohlgefühl. Er ist ein erstrebenswerter Zustand, der das Leben unendlich bereichert.

Vergebung geschieht – Frieden entsteht

Eine kleine, sehr wirksame Übung

Du kannst es dir leicht machen. Wenn du spürst, dass es Zeit ist, alte Gefühle für einen Menschen in Leichtigkeit und Liebe zu verwandeln, gibt es eine wirkungsvolle Geste. Sie besteht aus drei Teilen und ähnelt ein wenig dem mittlerweile sehr bekannten Ho'oponopono. Durch den Einsatz deines Körpers kannst du deine Zellen bewusst umprogrammieren.

1. Schließe kurz deine Augen, und stelle dir den Menschen vor, dem du vergeben möchtest. Am besten machst du dies in einem friedlichen, angenehmen Zustand, mit einem Lächeln auf den Lippen. Er oder sie steht vor dir. Nun nimm eine Hand, strecke sie aus, und lege sie auf das Herz deines visualisierten Gegenübers. Sprich die Worte klar und deutlich aus: »Ich verzeihe dir.«

2. Dann lege deine Hand auf dein eigenes Herz, und sage: »Ich verzeihe mir.«

3. Und zu guter Letzt schleudere die Hand mit Dankbarkeit und Erleichterung von dir weg, und sage: »Ich lasse los.« Mit dieser letzten Geste nimmst du alle alten Gefühle aus deinem Herzen heraus und wirfst sie bewusst zurück zur Quelle oder zu Mutter Erde. Dieser oder jener kannst du dann dafür danken, dass sie sie wieder in Licht und Liebe umwandelt.

Du kannst diese Übung so lange machen, bis du von deinen Gefühlen für diese Person befreit bist. Je intensiver du dich in die Worte und Gesten hineinspürst, desto besser können sie wirken. Es geht darum, dass du klar erkennst, dass auch du deinen Teil zu den Ereignissen beigetragen hast. Jeder Mensch um dich herum spielt für dich eine Rolle – wie in einem Theaterstück. Damit du deine Erfahrungen machen kannst, helfen dir die Menschen, indem sie dich auf eine bestimmte Weise behandeln. Sie sind Lehrer und Begleiter auf deinem Weg, wenn du es zulässt – und sie dienen dir, so gut sie können.

Du kannst in dieser einfachen Übung auch deine alten Schuldgefühle wieder in Liebe verwandeln, in Liebe zu dir selbst und zudeinen Mitmenschen. Daraus entsteht ein großes Gefühl von Frieden.

Affirmation

Stelle dich vor einen Spiegel. Nimm ein paar tiefe Atemzüge, und spüre, wie sich in dir langsam Ruhe ausbreitet. Spüre deinen Körper, und lasse Frieden in dein Herz strömen. Stelle dir einen Ort vor, der für dich mit Frieden verbunden ist, und genieße die Gefühle, die dadurch in dir entstehen.

Dann sprich sanft in deine Augen:

»Tiefer Frieden ist in mir. Ich lasse alles los. Ich bin eins mit mir selbst und ganz in meiner Mitte.«

Das Sternentor des Mutes

Die Botschaft

Es braucht Mut, auf dieser Welt zu sein. Das wissen wir. Alle Seelen, die sich zu einem Aufenthalt auf der Erde entschieden haben, werden vom Universum unterstützt, um genug Kraft für dieses Leben zu haben. Die Erde ist ein großartiger Ort, um mannigfaltige Erfahrungen zu machen. Mut ist eine Eigenschaft, die durch Erfahrung wächst. Und ihr braucht sie, um zu wachsen. Eines bedingt das andere. Vertraut der Erde – sie gibt euch Energie, damit ihr Kühnheit entfalten könnt. Bittet einfach darum – sie liebt euch! Eure Seele kennt den Weg und auch die Quelle des Ursprungs, aus der Mut in eure Herzen fließen kann, wenn ihr es zulasst. Dann könnt ihr über euch hinauswachsen und ein leuchtendes Beispiel für ängstliche Seelen sein. Wir lieben euch dafür. Gestattet euch, mutig zu sein. Es ist ein herrliches Gefühl.

Empfangen durch Sonja Ariel von Staden im Juni 2007

Bedeutung

Mut ist eine Kraft. Mut ist wie eine himmlische Flamme. Sie kann klein und leise vor sich hin tanzen, oder sie findet ihren Weg laut und brennend.

Mut existiert in jedem Menschen. Jeder kann für sich entdecken, dass es Dinge oder Wünsche gibt, für die es sich lohnt, etwas zu wagen.

Für viele Menschen verläuft das Leben in geregelten, klaren Bahnen. Sie haben ihre Aufgaben, ihre Arbeit, ihre Familie, ihre Hobbys. Sie sind zufrieden, und sie können das Leben genießen. Wenn jemand von außen diese Gewohnheiten stören will, braucht es Mut, um diesen Frieden zu bewahren – um sicherzustellen, dass alles so bleibt, wie es ist, weil es gut ist. Mut stemmt die Hände in die Hüften, stellt sich mit beiden Beinen fest auf den Boden und sagt: »Das ist meine

Welt. Ich beschütze sie. Dafür stehe ich mit all meiner Kraft ein!« Mut macht größer und aufrechter. Er zeigt nach außen, dass du stolz bist auf das, was du bist und erreicht hast.

Mut ist aber auch dazu da, ganz neue Wege gehen zu können. Wer die gewohnten Bahnen verlassen möchte, weil er sich entwickeln und verändern will, braucht diese Kraft. Dann gilt es, die Kühnheit zu finden, die aus einer inneren Sicherheit und Ruhe heraus das Ziel ganz klar sieht – und die Möglichkeiten, es zu erreichen. Mut verbindet dich im Hier und Jetzt mit einem Ziel in der Zukunft. Dann ist er die große, lodernde Flamme, die dir den Weg deutlich zeigt. Du spürst sie als lebendige Energie in dir brennen. Sie gibt dir die Courage, mit Selbstvertrauen für dich zu sorgen und alles in die Wege zu leiten, damit du dein Ziel erreichen kannst. Du hast die Kraft, dich von Dingen und auch von Menschen zu lösen, die dich lieber weiterhin so haben möchten, wie du einmal warst. Das Feuer gibt dir die Energie, nach vorn zu blicken und loszugehen.

Mut ist ein Entdecker, ein Abenteurer. Mit ihm bist du tapfer und stehst zu deinen Prinzipien und Ideen. Mit Mut kannst du dir deine Wünsche erfüllen und ein Leben gestalten, das vorher nur ein Traum war. Du kannst handeln und bringst alles in Bewegung, um das zu bekommen, was du wirklich willst.

Mut macht Spaß. Er zeigt dir neue Dinge, die fernab der alten, eingefahrenen Wege liegen und bisher unsichtbar waren. Er zeigt dir Paradiese, Oasen, Märchen – all die wundervollen Möglichkeiten, die dein Leben bunter, leuchtender und frischer machen.

Mut steckt in jedem Menschen. Er wird geweckt, wenn du ganz und gar zu dir selbst stehst, wenn du für dich sorgst und deine Bedürfnisse kennst. Du kannst ihn jederzeit aktivieren und dich von ihm wie auf Engelsflügeln getragen zu deinem Ziel führen lassen.

Engel und Krafttiere

Himmlische Helfer kann jeder Mensch gut gebrauchen. Sowohl Engel als auch Kraft- oder Seelentiere können die eigenen Fähigkeiten ergänzen und stärken. Wenn du Pläne hast, die außerordentlich viel Mut erfordern, sind die himmlischen Helfer eine wundervolle Ergänzung zu der irdischen Unterstützung, die dir zuteil werden mag. Du kannst einen oder mehrere Engel und Krafttiere bitten, dich auf deinem Weg zu begleiten. Ihre Energie ist voller bedingungsloser Liebe, und jedes Lichtwesen hat seine ganz spezielle Möglichkeit, dir zu helfen. Du kannst zum Beispiel den »Engel des Mutes« bitten, dich zu begleiten. Oder du bittest ein Tier, dessen Stärke du mit Mut verbindest – etwa einen Löwen, einen Panther oder einen Bären –, um Hilfe. Es gibt viele Bücher und Kartensets, die du nutzen kannst, um dich mit diesen lebendigen, außergewöhnlichen Wesen zu beschäftigen. Wenn du deiner Intuition folgen möchtest, dann kannst du die nachfolgende Übung machen.

Mut und innere Unterstützung finden
Eine Visualisierungsübung

Gehe in einen Raum, in dem du Ruhe hast, und mache es dir bequem. Schließe die Augen, und atme tief ein und aus, bis du spürst, dass du ganz bei dir angekommen bist. Stelle dir vor, du stehst in einem großen Saal. Es ist ein prachtvoller, reich ausgestatteter Saal, der hell erleuchtet ist. Du stehst in seiner Mitte.

Nun stelle dir vor, wie sich der Saal langsam füllt. Als Erstes tritt dein Schutzengel an deine Seite. Du spürst die Liebe und Energie, die von ihm ausgeht. Er ist bei dir, um dir zu helfen.

Dann füllt sich der Saal mit weiteren Engeln und einer großen Schar von Kraft-
tieren aller Arten und Gattungen. Alle gemeinsam bilden einen weiten Kreis um
dich herum. Bald ist der große Raum erfüllt von gedämpften, aber aufgeregt
klingenden Geräuschen.

Nun atme tief durch, und formuliere deinen Wunsch. Am besten sprichst du ihn
deutlich aus. Sage der Menge um dich herum, was du willst und wofür du Mut
benötigst. Dann warte ab.

Aus dem Kreis der helfenden Lichtgestalten und wohlwollenden Tiere wird sich eines
dazu bereit erklären, dich und deinen Schutzengel auf eurem Weg zu unterstützen.
Heiße sie willkommen, und danke ihnen dafür, dass sie dich begleiten werden.

Du stehst nun mit deinen Helfern inmitten der Engel und Krafttiere. Deine kleine
Gruppe wird zu einer Einheit. Um diese zu besiegeln, kommt aus der Kuppel des
Saales ein goldenes göttliches Licht. Es fließt von oben auf euch herab und um-
fängt euch mit himmlischem Segen, Liebe und Energie.

Spüre, wie du ganz klar sehen kannst, was du mit diesem Geschenk erreichen
möchtest. Fühle die Zuversicht und die Hoffnung. Jetzt kannst du handeln!

Affirmation

Schließe die Augen, und spüre in dich hinein. Stelle dir den Mut als Flamme vor.
Wie hell brennt sie? Lasse dich von Mut durchströmen und erfüllen.

Dann stelle dich vor einen Spiegel, blicke in deine Augen, und fühle gleichzeitig
das Feuer des Mutes in dir lodern. Forme in dir das Bild des Zieles, für das du den
Mut benötigst, und sprich es aus:

»Mein Ziel ist ... Dafür schenkt mir das Leben Mut und jede Unterstützung, die ich brauche. Danke!«

Je klarer du dein Ziel vor Augen hast, so, als wäre es jetzt und hier schon erreicht, desto stärker wirkt die Affirmation. Du kannst sie jeden Tag wiederholen, bis du am Ziel angelangt bist. Sei offen für jede Art von Hilfe. Das Universum ist immer bereit für Wunder.

Das Sternentor der Freiheit

Die Botschaft

Geliebte Seelen! Freiheit ist eines der höchsten Güter eurer Zivilisation. Wie die meisten wertvollen Erfahrungen, die ihr machen könnt, ist es eine reine Entscheidung. Ihr allein entscheidet, ob ihr das Wagnis der Freiheit eingeht. Freiheit bedeutet, all eure vermeintliche Sicherheit aufzugeben und ganz eurem Herzen zu folgen. Freiheit bedeutet auf der Erde, dass ihr eure Träume spürt und Visionen erschafft, die euch in den inneren Frieden – und somit in eine echte Sicherheit führen. Innere Freiheit geht einher mit der Liebe zu euch selbst. Sie ist die Basis für Freiheit. Gönnt es euch, frei zu sein von Verstrickungen und alten Mustern. Übernehmt Verantwortung auf allen Ebenen, dann seid ihr frei, bedingungslos.

Empfangen durch Sonja Ariel von Staden im August 2007

Bedeutung

Freiheit ist ein kostbares Gut. Freiheit ist für jeden Menschen vorgesehen. Freiheit ist ein Gefühl. Befreit durchzuatmen und die Welt mit den Augen des reinen Bewusstseins zu sehen, vermittelt Gelassenheit und Vertrauen – vollkommen unabhängig davon, wo du gerade bist und was du gerade machst. Du kannst dich frei fühlen und alles liebevoll abstreifen, was dir das Gegenteil von Freiheit vermitteln möchte.

Es ist dein Leben, das du nach deinen Wünschen formst. Das Gefühl von Freiheit beginnt tief in deiner Lebensquelle. Dort kannst du spüren, dass deine Seele jenseits von Raum und Zeit existiert. Sie ist unabhängig von aller Materie. Es ist immer dein Glauben, der dich an etwas bindet. Du kannst für dich prüfen, welche Faktoren dich schwer machen und welche dir Leichtigkeit schenken.

Deine Träume und Visionen geben dir Einblick in das, was du persönlich Freiheit nennst. Du kannst nach deinen Wünschen Veränderungen herbeiführen, wenn du es für angemessen hältst. Freiheit bedeutet auch das Loslassen überholter Denkstrukturen. Wie bei einem Frühjahrsputz kannst du deine Gedanken entrümpeln und damit Platz schaffen für frische Ideen, mit denen du dein Leben erleichtern kannst.

Auch das Loslassen des alten Sicherheitsdenkens, das seit Generationen in deinem Bewusstsein verankert ist, kann hilfreich dabei sein, ein Stück Freiheit zu erfahren. Spüre für dich, was Sicherheit für dich wirklich bedeutet. Ist sie an Gegenstände oder Menschen gebunden?

Schon der innere Impuls, diese Bindungen aufzulösen, schenkt dir ein befreiendes Gefühl. Es verändert die Beziehung zu den Menschen in deiner Umgebung und zu allen gesammelten Gütern.

Etwas loszulassen, bedeutet selten, dass dies ganz aus deinem Leben verschwindet. Vielmehr kann sich die Beziehung zu einem Menschen zu neuer Blüte entfalten und dir neue Erfahrungen schenken, wenn du die Umklammerung löst. Auch die Befreiung von Gütern kann sehr erleichternd sein – dein Herz spürt, was gehen darf.

Freiheit bedeutet, dein Leben von einem Standpunkt der Ruhe aus zu betrachten. Dein freier Wille trifft Entscheidungen. Je bewusster du dir selbst bist, desto freier sind diese Entscheidungen und desto leichter erreichst du dein Ziel.

Gönne dir Freiheit! Dein Geist darf fliegen und große Visionen entwickeln. Frische Ideen bringen Freude in dein Leben. Dein Körper darf sich von allem befreien, was er gehen lassen möchte, um gesund und kraftvoll zu werden. Deine Seele freut sich über die Möglichkeit, noch schönere, lebendigere Erfahrungen zu machen.

Freiheit ist ein Geschenk, das du dir selbst immer wieder machen kannst – um dich zu entwickeln und das Leben zu genießen!

Ein Gefühl von Freiheit
Eine Visualisierungsübung

Nimm dir Zeit, und finde einen Raum, in dem du zur Ruhe kommen kannst. Mache es dir bequem, und schließe deine Augen. Stelle dir vor, du stehst auf einer weiten Lichtung vor einem Wasserfall. Alles um dich herum ist friedlich und heiter. Die Sonne scheint und wärmt deine Haut. Die Natur zeigt sich von ihrer schönsten Seite.

Der Wasserfall rauscht aus einigen Metern Höhe herab und fällt in weichen Schleiern in ein knietiefes Becken, das in einen kleinen Teich mündet. Weiße Seerosen blühen darin und ein Fischreiher steht reglos am Ufer und beobachtet dich neugierig.

Der Wasserfall schenkt dir die Gelegenheit, dich von allem zu reinigen, was dich im Laufe der letzten Zeit schwer gemacht hat.

Stelle dir vor, du stehst unter seinem angenehm temperierten, erfrischenden Wasser. Spüre, wie das kostbare Nass lustig auf deine Haut prasselt. Es besteht aus reiner, prickelnder Energie, die deine Oberfläche und auch deinen Geist reinwäscht. Alle schweren Gedanken werden aus dir herausgespült. Alte Bindungen werden achtsam und gründlich entfernt. Dein Körper wird immer leichter. Du kannst dich aufrichten, deine Arme nach oben strecken und dich richtig groß machen. Dein Brustkorb wird von dem Druck befreit und du kannst leichter und tiefer atmen.

Du wirst von Kopf bis Fuß und bis in die letzte Zelle gesäubert. Wenn du das Gefühl hast, vollkommen befreit zu sein, kannst du dich auf die weiche grüne Wiese in die Sonne legen. Ihre Strahlen wärmen und trocknen dich. Und sie füllen dich mit neuer Energie auf.

Spüre deine Freiheit. Du hast alles losgelassen, was dich belastet hat, und kannst deine Aufmerksamkeit nun darauf richten, voller Glück in ein neues Kapitel deines Lebens zu starten. Viel Spaß dabei!

Kehre so oft zu diesem Wasserfall zurück, wie du magst. Seine Kraft reinigt jedes Mal aufs Neue dein Bewusstsein und deine Körperfelder. Eine wundervolle Übung, dich vollkommen zu entfalten!

Affirmation

Stelle dich vor einen Spiegel, spüre deinen Körper und atme tief ein und aus. Schüttele alles ab, was dich schwer macht, und atme frische, leichte Energie ein.

Dann sprich tief in deine Augen und dein Herz:

»Ich bin vollkommen frei. Ich treffe die Entscheidungen, die mir ein entspanntes und glückliches Leben ermöglichen. Ich freue mich auf jeden neuen Tag voller Liebe und Glück!«

Das Sternentor der Ruhe

Die Botschaft

Geliebte Seelen! Gestattet euch, in dieser Welt Ruhe zu erfahren. Innere Ruhe, ein tiefer innerer Zustand von Stillstand, Umkreisung der eigenen Mittelachse, ist ein Vertrauensbeweis. Vertraut dem Leben, eurer eigenen Kraft.

Inneres Ankommen im Augenblick – im Hier und Jetzt – ist ein ganzheitliches Durchatmen, damit sich der Brunnen der Energie in euch wieder füllen kann, damit ihr das Leben mit mehr Gelassenheit und Heiterkeit leben könnt. Es ist eine wichtige Entscheidung, aus großem Vertrauen heraus innezuhalten.

Der Zustand der Ruhe ist tief wirksam. Er schenkt euch in all euren Bestandteilen Liebe und Heilung. Vertraut euch selbst. Schenkt euch Momente der Ruhe, damit ihr den Alltag gelassen erlebt und zu wahren Meistern eures Seins werdet.

Empfangen durch Sonja Ariel von Staden im September 2007

Bedeutung

Ruhe ist ein natürlicher, essenzieller Zustand. Sie ist so wichtig wie Atmen, Essen und Trinken. Ruhe möchte gefunden werden, möchte geliebt und umarmt werden. Nur in der Stille hörst du deinen Herzschlag, spürst du die vielen, harmonisch miteinander wirkenden Zellen deines Körpers. Du kannst wahrnehmen, wie du denkst, und du kannst dich zutiefst fühlen. Ruhe ist das duale Gegenstück zur Aktivität. Sie ist ein deutliches Zeichen der Neuen Zeit.

Zu Beginn des 21. Jahrhunderts werden immer noch intensiver Fleiß, permanente Arbeit und intellektuelle Multifunktionalität hochgelobt. Doch langsam bemerkt die Menschheit, dass dieser Zustand der dauernden Anspannung kaum Raum lässt für eigene Gedanken und inneren Ausgleich und auch dem Körper wenige Pausen gönnt.

Der Wandel vollzieht sich beinahe unbemerkt und leise, doch mit großer Freude. Die Zeit für inneres Wachstum, Muße, Kreativität und Neugierde ist gekommen. Ein Zeitalter der bewussten inneren Einkehr ist glücklich eingeläutet, und die Menschen erwachen in eine goldene Morgendämmerung hinein, die mit großer Lebendigkeit und berührender Lautlosigkeit zu uns kommt. Wie der Volksmund so wundervoll formuliert: »In der Ruhe liegt die Kraft.«

Ruhe geht einher mit Frieden. Sie liegen eng beieinander und werden oft in einem Atemzug genannt, wenn wir gefragt werden, wonach wir uns sehnen. Frieden kann erst entstehen, wenn voller Vertrauen in der Aktivität innegehalten wird. Ob im Großen oder Kleinen, in dir oder zwischen ganzen Nationen – Frieden entsteht aus der Erkenntnis, dass Liebe und Mitgefühl die Ratgeber der Weisheit sind, und Weisheit entsteht in der Stille.

Um uns herum summt und brummt alles wie in einem Bienenstock, doch viele Menschen möchten aus dieser Geschäftigkeit aussteigen, hinein in einen Raum der Stille, um Frieden zu finden. In diesem Raum jenseits der Aktivität lässt sich frei atmen, ruhig denken, tief spüren.

Es kann eine wunderbare, entspannende Yogaübung sein, die Körper und Geist wieder in ihren natürlichen Fluss bringt. Es kann eine sanfte Meditation sein, die den Geist von angesammelten Gedanken leert und Platz für Klarheit und neue Inspiration schafft, oder eine einfache kleine Tagträumerei, in der du deinen Blick auf einen schönen Punkt richtest und deine Gedanken treiben lässt.

Was auch immer du tust, gönne dir Zeiten der Ruhe. Bewusstes Sein findet dann die Möglichkeit, sich in dir auszudehnen. In der Beschaulichkeit einer entspannten Pause kannst du in dich hineinspüren und herausfinden, was gerade wirklich wichtig ist. Viele von uns haben gelernt, dass nur ein arbeitender Mensch wertvoll ist. Nun bemerkst du jedoch, dass du dein Leben freier, klarer und effektiver erleben kannst, wenn du dir Zeiten der Lautlosigkeit gönnst und sie genießt.

Statt wie ferngesteuert zu funktionieren, bestimmst du selbst, was du denkst, was du fühlst und wie du handelst. Das Wunder daran ist, dass du aus der Ruhe heraus noch mehr Kraft und auch Lust hast, zu wirken – denn der Sinn hinter deinen Handlungen ist deutlich geworden. Du bist auf der Erde, um das Leben in all seiner Herrlichkeit zu genießen, und in der Stille findest du die Ideen, wie du dir dies am besten ermöglichen kannst.

Ruhe finden

Eine 30-Tage-Übung

Diese Übung ermöglicht dir, dich selbst intensiver zu fühlen. In Zeiten der großen Anspannung bringt sie dich dazu, dich wieder entspannen zu können. Sie hilft dir, dich wieder ganz auf dich selbst einzulassen. Sie stellt den Kontakt her, der vielleicht verloren gegangen ist.

Nimm dir bitte bewusst jeden Tag eine Auszeit von 15 bis 30 Minuten. Diese Zeit ist heilig. Sie ist jetzt dein kostbarster Schatz, den du einen ganzen Monat lang hütest und genießt. Je besser du dich darauf einlässt, desto tiefer und nachhaltiger ist die Entspannung.

Lege dich auf einen bequemen Untergrund und sorge dafür, dass es dir rundum gut geht. Im Raum herrscht Stille. Die Geräusche der Außenwelt sind so reduziert wie möglich.

Schließe die Augen, und spüre in dich hinein. Gehe auf eine Reise durch deinen Körper, und nimm dich von Kopf bis Fuß wahr. Spüre deine Muskeln, deine Knochen, deine Organe, dein Blutsystem. Lausche dem Pulsieren deines Herzens. Fühle deinen Atem, fühle, wie er kommt und geht. Atme tief in den Bauch hinein.

Nun stelle dir vor, dass du langsam »schmilzt«. Dein Körper wird zu einer glitzernden Flüssigkeit, die in die Erde hineinsinkt, tief hinab, bis ins Herz der Erde. Dort bist du geschützt und willkommen im liebenden Schoß der Urmutter. Das Herz der Erde pulsiert in einem besonderen Rhythmus. Fühle ihn. Lasse jede deiner Zellen mit Liebe und Glücksgefühlen durchschwingen. Erinnere dich an das, was du wirklich willst und daran, wer du wirklich bist.

Dein Herz erzeugt selbst lebendige Schwingung, die dich mit allem verbindet, was existiert. Diese Schwingung vereinigt sich nun mit dem Puls des Planeten, der dich trägt, nährt und zutiefst liebt. Die Erde schenkt dir Frieden, Geborgenheit und einen Platz, an dem du ganz und gar in Ruhe du selbst sein kannst. Dein Geist klärt sich, du kannst alles loslassen, was dich belastet. Die Erde transformiert gerne alles zu Licht und Liebe.

Dein Bewusstsein wird weit. Dein Atem ist tief. Lege eine Hand auf dein Herz, und fühle dich im Hier und Jetzt. Dieser Augenblick ist wahrhaftig. Er ist voller Klarheit und Wahrheit.

Sende einen Dank an Mutter Erde dafür, dass sie dich trägt und nährt. Dann danke dir selbst für all die Erfahrungen, die du bis hierher gemacht hast. Nun bist du wieder bei dir und in dir selbst angekommen. Bleibe so lange liegen, wie du möchtest. Es ist deine heilige Zeit.

Wenn du willst, kannst du deine Erfahrungen der Stille auch in deinem Lebensbuch notieren. Gedanken werden zu Worten, Worte werden zu Taten. Sorge gut für dich, Tag und Nacht. Dies ist die Basis für ein Leben voller Freude und Glück.

Du kannst zur Unterstützung deiner inneren Ruhe und deines inneren Friedens auch die unten stehende Affirmation nutzen.

Affirmation

Stelle dich vor einen Spiegel. Atme tief in deinen Bauch hinein. Atme Energie und Liebe ein, und lasse mit dem Ausatmen alles los, was gehen darf. Spüre, wie die Ruhe sich in dir ausdehnt.

Dann sprich in deine Augen und dein Herz:

»Ich genieße die Ruhe. Sie ist der reine Zustand meiner Essenz. In der Ruhe liegt meine wahre Kraft.«

Das Sternentor der Wandlung

Die Botschaft

In Zeiten der Veränderung seid wachsam, geliebte Seelen. Wachstum und Evolution geschehen nur durch Wandlung, doch sie fällt den Menschen schwer. Das Ego verknüpft sich gerne mit bestimmten Vorstellungen und materiellen Gütern – und der damit scheinbar verbundenen Sicherheit. Doch Wandlung geschieht losgelöst von Gedanken und Materie. Sie ist reine Energie. Veränderung bedeutet loslassen. Eure Seele möchte beständig wachsen. Die damit verbundenen Aufgaben könnt ihr mit Gelassenheit und Hingabe an euer Leben viel einfacher lösen. Wandlung ist wichtig und wird seitens der Schöpfung mit Freude unterstützt. Lasst alles los, was euch im Wege steht und ladet ein, was ihr an Hilfe erfahren möchtet. Danke für eure Bereitschaft, Wandlung zuzulassen!

Empfangen durch Sonja Ariel von Staden im Oktober 2007

Bedeutung

Das gesamte Universum ist in beständigem Wandel, und somit ist es auch das Leben auf der Erde – dein Sein erfährt sich auch durch die Veränderung, die in jedem Augenblick stattfindet.

Mit jedem bewussten Gedanken erzeugst du Wandlung. Mit deiner schöpferischen Kraft bewegst du Energie, die zu Materie und zu Gefühlen werden kann. Veränderung ist ein Prozess, der dir dient, dich in deiner ganzen Komplexität und Einzigartigkeit zu erfahren. Würde alles gleich bleiben, würdest du dich selbst nur aus einer einzigen Perspektive sehen. Durch den Wandel, den du erlebst, kannst du viele Facetten deiner Seele erkennen.

In deinem Leben gibt es einen Rhythmus, der sich wie eine zarte Melodie fortwährend wiederholt und der doch variiert. Du bist gleichzeitig die Melodie und das

Instrument, auf dem diese Tonfolge gespielt wird. Deine Melodie ist wunderschön, individuell und lebendig. Sie mischt sich mit den Tonfolgen deiner Mitmenschen, die du in dein Leben einlädst. Zusammen klingt euer Lied wieder neu und frisch. Die Melodie verändert sich permanent ein wenig, weil sie mit deinen Gefühlen verbunden ist. Sie klingt mal leicht und sanft, mal ruhig, mal wild. Die Klänge deines Lebens verbinden sich mit dem Lied der Erde und resonieren mit der göttlichen Quelle.

Ein Lied besteht aus vielen Tönen. Sie umschmeicheln sich gegenseitig, sie verlieren sich, finden sich wieder, verbinden sich neu und erzeugen so Wandel, Schönheit und Harmonie. Durch die Wandlung bleibt alles lebendig. Alles kann fließen, sich selbst stets erneuern und verbessern. Aus Erfahrungen werden Erkenntnisse gezogen, und daraus entstehen wieder neue Erfahrungen – dein Bewusstsein weitet sich aus. Du spürst dich selbst, erkennst dich und reagierst immer neu auf alles, was sich um dich herum befindet. Wandlung ist Evolution, lebendige Schöpfung. Alles entwickelt sich. Jede Zelle in dir strebt danach, sich an die Gegebenheiten deines Lebens anzupassen, damit du noch bessere und intensivere Erfahrungen machen kannst. Den Wandel zu begrüßen, bedeutet, das Leben zu umarmen und zu lieben. Alles wird leichter, wenn es voller Freude angenommen wird.

Wandlung begrüßen
Eine Bewusstseinsübung

Wenn eine Veränderung vor deiner Tür steht, kannst du sie ablehnen oder annehmen. In jeder Herausforderung, die das Leben für dich bereithält, steckt ein wertvolles Geschenk. Dies gilt es zu entdecken.

Wenn du bisher gerne festgehalten hast, was in deinem Leben war, gilt es nun, loszulassen. Dies kann eine Arbeitsstelle, ein Wohnraum, ein Partner oder eine Freundschaft sein. Wahrscheinlich hast du dich sicher gefühlt mit dem, was da war, doch deine Seele hat nun entschieden, dass es Zeit ist, neue Erfahrungen zu machen. Du stehst vor einer Tür, die dir einen wichtigen, dir bisher verborgenen Bereich eröffnet.

Nimm dir Zeit. Erschaffe dir einen schönen, ruhigen Raum, in dem du dich entspannen kannst und sicher fühlst. Sei dir selbst gegenüber ehrlich. Erfahre dich selbst in all deiner Liebe und Kraft, damit du neue Wege gehen kannst.

Atme tief in deinen Körper. Lege deine Hände auf dein Herz, und spüre die Liebe und Energie, die aus deiner Seelenquelle strömen. Die Liebe zu dir selbst ist jetzt der Ausgangspunkt des neuen Lebensabschnittes.

Betrachte dein Leben aus der Vogelperspektive. Stelle dir vor, du schwebst über der Landschaft deines Lebens und siehst den Weg, den du bisher schon gegangen bist. Welche Farben, Formen und Menschen siehst du? Wie waren deine Gefühle auf diesem Weg? Hast du dich wohlgefühlt? Warst du glücklich? Was fühlst du in Bezug auf das, was sich gerade verändert? Spüre den Gefühlen ehrlich nach.

Vor dir befindet sich ein Portal. Du hast schon einige solcher Tore durchschritten, oftmals ohne es zu bemerken. Doch nun bist du dir deiner selbst ganz bewusst und kannst den neuen Abschnitt in einem Zustand der Klarheit erfahren.

Jetzt kehre entspannt an den Punkt deines Weges zurück, an dem du dich gerade befindest. Betrachte von dort aus das Portal. Gibt es Wächter, die dir wertvolle Informationen geben können? Du kannst sie darüber befragen, was hinter dem Tor auf dich wartet. Sie sind dir wohlgesonnen und freuen sich sehr, wenn sie dir helfen können.

Nimm dir Freunde an deine Seite, wenn du dich dadurch mutiger fühlst. Du kannst auch Engel, Krafttiere und andere Wesenheiten um Unterstützung bitten.

Der Schritt durch die große Tür ist wichtig für deine bewusste Entwicklung. Jeder Neubeginn und jede Wandlung hält frische Energie für dich bereit. Öffne das Tor, und blicke in den neuen Abschnitt deines Lebens. Konzentriere dich auf das Licht, die Schönheit, die wundervollen Gelegenheiten, die auf dich warten. Es ist dein Leben, das du selbst bewusst gestalten kannst. Jeder Schritt hinein in den neuen Lebensabschnitt ist zu deinem Besten. Forme in dir deine Wünsche, und lasse sie vor deinem inneren Auge lebendig werden. Forme die Landschaft, das Licht, die Gefühle. So darf es sein.

Kehre mit einem liebevollen Bild in deinem Herzen zurück ins Hier und Jetzt. Bewahre den Mut und die Energie für deine Handlungen, die nun folgen. Deine Begleiter werden auch weiter an deiner Seite sein, wenn du sie darum bittest.

Notiere deine Gedanken, inneren Bilder und Gefühle in deinem Lebensbuch. Damit beobachtest du dich selbst ganz bewusst in der Zeit der Veränderung. Du kannst klarer reagieren und deutlicher erkennen, was dir guttut. Folge deinem Herzen und deiner Intuition, sie zeigen dir den Weg.

Affirmation

Stelle dich vor einen Spiegel. Betrachte dich voller Liebe und Respekt. Sprich klar und deutlich in deine Augen und dein Herz:

»Der Wandel geschieht zu meinem Besten. Ich nehme ihn an und freue mich auf die Geschenke, die er mir bringt. Ich liebe mich und mein Leben!«

Damit sendest du ein deutliches Signal an dein gesamtes Energiefeld. Du kannst dich viel besser öffnen für alle Möglichkeiten, die auf dich warten. Du kannst neugierig und voller Vorfreude sein. Begrüße den Wandel, und du kannst die Wunder darin erkennen!

Das Sternentor
des Selbstvertrauens

Die Botschaft

Geliebte Seele! Fühle in dir die tiefe Kraft des Selbstvertrauens. Es gibt nur einen Menschen, der wirklich wichtig ist in deinem Leben: du selbst. Du bist das Zentrum, um das sich für dich alles dreht. Du entscheidest für dich und trägst die Verantwortung für deine Entscheidungen. Deshalb ist es unendlich wichtig, den tiefen Frieden des inneren, ureigenen Vertrauens zu fühlen. Wie aus einer warmen goldenen Quelle kann dein Inneres von diesem Vertrauen durchströmt werden. Dir selbst zu vertrauen, bringt dir sehr viel Klarheit. Es gibt dir immer frische Energie und festigt deinen Standpunkt auf dieser Erde, in dieser Welt. Lasse dich vom tiefen, leuchtenden Selbstvertrauen durchfluten, und schöpfe Kraft für gute, ehrliche Entscheidungen und ein liebevolles, strahlendes Leben. Lebensfreude und Liebe seien mit dir!

Empfangen durch Sonja Ariel von Staden im Oktober 2007

Bedeutung

Mit einem tiefen Selbstvertrauen beginnt die Reise in ein neues Leben, ein Leben voller Wunder und noch unbekannter Freude. Dir selbst zutiefst zu vertrauen, bedeutet vor allem, neues Land zu betreten, einen neuen Planeten zu entdecken, der voller Geheimnisse ist. Dein Selbstvertrauen zu entdecken ist eine Expedition, auf der du immer wieder neues Territorium erkunden kannst. Es gilt nun, dich selbst wieder neu zu entdecken!

Wenn du selbst ein Planet wie die Erde wärst, gäbe es sehr viel zu erforschen. Zuallererst einmal musst du den Wunsch verspüren, dich selbst besser kennenzulernen. Du kannst dir selbst nur vertrauen, wenn du weißt, wer du bist. Mit der Entscheidung, dich selbst besser kennenzulernen, beginnt das Projekt. Nun gilt es, allen Mut zusammenzunehmen, denn du wirst auf viele verborgene Phänomene stoßen.

Du wirst in Bereiche vordringen, die dir bisher verborgen waren. Es ist immer gut, bei einer solchen Reise Freunde und Helfer an der Seite zu haben. Ob dies geistige Wesen und Engel oder leibhaftige Menschen sind, die dich unterstützen, liegt bei dir. Das Rüstzeug für die Forschungsreise ist recht schnell gesammelt. Dein Lebensbuch, eine gute Tasse Tee, sanfte Musik – und schon kann die Reise beginnen.

Da gibt es einen Ozean der Gefühle. An der Oberfläche kräuseln sich Wellen, die, wenn du aufgewühlt bist, wie große, ungestüme Brecher an deine Küsten schlagen. Unter der Oberfläche tummeln sich emotionale Regungen, große Gefühle und kleine, zarte Empfindungen in den leuchtendsten Farben. Du kannst sie alle betrachten und dir immer wieder bewusst machen: Je besser du dich auskennst in der Vielfalt deiner Gefühle und je sicherer du dich in diesem weiten, tiefen Ozean fühlst, desto stärker und selbstsicherer bist du in deinem Leben. Dann spürst du schon die kleinste Veränderung und kannst in Ruhe darauf reagieren.

Der Ozean deiner Gefühle bedeckt deinen Planeten. Wie das Wasser auf der Erde überall ist, in den Wolken, in den Meeren, in der Erde, so sind auch deine Gefühle überall in dir und um dich herum. Erkunde und erforsche sie, dann kannst du ihnen vertrauen.

Auf deinem Planeten gibt es auch Land. Es entspricht deinen Erfahrungen – und du hast schon sehr viele gesammelt. Manchmal sind sie wie weite Ebenen, die friedlich unter der Sonne schimmern. Manchmal türmen sie sich zu kilometerhohen Gebirgen auf und nehmen dir die Sicht. Es gibt tiefe Schluchten, zauberhafte Wälder, heiße Wüsten, endlose Savannen und bunte Blumenwiesen.

Auf deinen Erfahrungen baust du jeden Tag aufs Neue dein Leben auf. Indem du diese Erfahrungen mit Liebe und Respekt betrachtest, gibst du ihnen eine neue Bedeutung. Wie auf der Erde jede Landschaft ihren Reiz hat, so haben auch all deine Erfahrungen, die du gemacht hast, etwas Gutes – nur deine Bewertung macht sie lichtvoll oder dunkel. Du entscheidest, ob du mit deinen Entscheidungen zufrieden sein möchtest.

Je besser du die Landschaft deiner Erfahrungen kennst, desto besser verstehst du deine Reaktionen auf bestimmte Gegebenheiten. Du weißt, warum du manche Situationen meidest: Sie erinnern dich an die Vergangenheit, die erkannt und erlöst werden möchte. In diese Situationen kannst du Heilung bringen, damit du in Zukunft voller Selbstvertrauen sein kannst.

Wenn du Frieden mit deiner Vergangenheit schließt, wird aus dem schattenhaften Dunkel wieder eine sonnendurchflutete Ebene mit leuchtenden Wäldern, wogendem Gras und klarem Himmel.

Dein Planet ist auch bewohnt. Es gibt Städte und Dörfer, in denen sich die Menschen aufhalten, denen du bereits begegnet bist, und ständig kommen neue Bewohner hinzu. Da sie alle in deiner Welt bleiben, wenn du ihnen einmal begegnet bist, kannst du auch gleich dafür sorgen, dass sie sich wohlfühlen. Was auch immer du mit ihnen erlebt hast – du hast sie eingeladen, bewusst oder unbewusst. Sie sind ein Teil deines Lebens. Je entspannter du mit ihnen umgehst, desto entspannter kannst du dich fühlen.

Besuche die Siedlungen immer wieder einmal, um nachzusehen, wie es den Menschen in deinem Leben geht. In deinem Seelenbewusstsein bist du frei, sie als das zu erkennen, was sie in Wahrheit sind: göttliche, lichtvolle Seelen wie du. Sie alle sind einst auf die Erde gekommen, um mit dir ein Spiel zu spielen. Weise ihnen ihren Platz zu, und sorge dafür, dass sie mit dir auf dem großen Planeten deines Lebens in Frieden sein können. Du kannst dir bei dieser Aufgabe jederzeit Hilfe von außen holen. Frieden zu schließen ist der wirkungsvollste Weg in ein glückliches Leben.

Dein »Planet Leben« ist groß und voller Wunder, und es ist ein Abenteuer, dich selbst zu erforschen. Je früher du damit beginnst, desto schneller lernst du dich selbst kennen und desto besser kannst du dir vertrauen. Wenn du dich kennst, kannst du Entscheidungen besser treffen. Du weißt dann, was dir guttut und was du besser sein lässt. Selbstvertrauen gibt dir ganz viel Kraft und große Gelassenheit. Mit der Zeit kennst du jeden Winkel deines Planeten und lernst, dich selbst wahrhaftig zu lieben.

Auch deinen Körper kannst du erforschen und dich mit ihm anfreunden. Wenn du mit ihm in tiefem Kontakt bist, spürst du schnell, wann er Liebe und Zuwendung braucht. Du sorgst für Ruhephasen und bist dann umso aktiver, wenn es wichtig ist. Dies kann sich auch positiv auf deine Gesundheit auswirken.

Selbsterforschung
Eine vielfältige Übung

Nun weißt du, wie du dich selbst besser kennenlernen kannst. Jetzt ist es an dir, deine Geheimnisse zu lüften. Nimm dazu dein Lebensbuch zur Hand. Spüre tief in dich hinein. Denke an die letzten Tage und Wochen. Welches Thema hat dich beschäftigt, das du näher erforschen möchtest?

Schreibe es als Titel auf eine freie Seite. Dann nimm dir so viel Zeit, wie du brauchst, und tauche ganz entspannt mit geschlossenen Augen hinein in deine Innenwelt. Erkunde deinen Planeten. Tauche in den Ozean deiner Gefühle. Wie sieht es im Moment dort aus? Untersuche die Landschaft deiner Erfahrung. Wie sieht sie aus, und wie fühlt sie sich an? Möchtest du etwas ändern? Dann verändere die Umgebung, bis sie dir gefällt – du bist Schöpfer dieses Planeten und kannst ihn nach deinen Vorstellungen formen. Unterhalte dich auch mit den Menschen, die dir auf deiner Reise begegnen, über deinen momentanen Zustand. Nach der Reise kannst du alles aufschreiben, was du zu deinem Thema erfahren hast. Es zeigt dir auf wunderbare Weise, was gerade wichtig ist.

Wenn du noch tiefer eintauchen und dein aktuelles Thema noch besser verstehen möchtest, kannst du dir auch Fachliteratur besorgen oder dich mit Experten austauschen. Zu vielen Themen gibt es Kurse und Seminare. Es ist auch hilfreich, sich mit guten Freunden zu unterhalten. Alle Schritte zusammen beleuchten dein Thema und bringen dir wieder mehr Selbstvertrauen.

Affirmation

Stelle dich vor einen Spiegel, und betrachte dich. Du bist der wichtigste Mensch in deinem Leben. Wenn es dir richtig gut geht, kann es allen anderen ebenfalls gut gehen.

Dann sprich dir tief in die Augen und in dein Herz:

»Ich vertraue mir selbst. Ich sorge dafür, dass es mir gut geht, und übernehme meine volle Verantwortung dafür. Ich liebe mich selbst und mein Leben.«

Lasse diese Worte tief in deine ganzen Ebenen eindringen. Fühle sie, verstehe sie, und sei einfach du selbst. Du bist genau so richtig, wie du bist. Was auch immer du in deinem Leben verändern möchtest, vertraue darauf, dass du allein dein Leben bestimmst und du die Kraft hast, das Beste daraus zu machen.

Das Sternentor
»Weg aus der Angst«

Die Botschaft

Geliebte Seelen! Die Angst ist ein wichtiger Bestandteil der dualen Welt, in der ihr lebt. Die Angst ist der Gegenspieler der Liebe. Sie ist der Schatten, der auf euren Herzen lastet. Und doch ist sie eine wichtige Botschafterin, denn sie zeigt euch, wo ihr von eurem Weg abgekommen seid. Die Angst ist Hinweis und Lehrerin zugleich. Wollt ihr euch befreien, stellt euch dem Gefühl. Stellt euch den Botschaften eurer Seele, damit ihr euch entwickeln könnt. Lasst alte Muster los. Begreift euer Handeln, das Angst hervorgerufen hat, und beschreitet mutig den Weg der Erkenntnis. Dann kann die Angst verschwinden, denn sie wird nicht länger gebraucht. Liebt euer Leben und euch selbst zutiefst, dann wird jede Angst sich wie Nebel in der Morgensonne verflüchtigen. Dann dankt der Angst, und lasst sie los.

Empfangen durch Sonja Ariel von Staden im Oktober 2007

Bedeutung

Dies ist ein besonderer Moment, leuchtend und klar, es ist ein Augenblick der Wahrheit und der Erkenntnis. Du kannst dich jetzt dazu entschließen, dich selbst zu finden und dir auf tiefster Ebene zu begegnen.

Angst ist ein Gefühl, das durch die Dualität hervorgerufen wird. Sie ist der Schatten, der das Licht erst wirklich deutlich macht. Sie ist ein Teil deines Lebens, doch du entscheidest, wie lange sie bleibt und wie sehr sie dich berührt.

Sie ist eine Vorahnung, ein Augenblick, in dem dein Verstand eine Situation erfasst und entsprechend seiner gesammelten Erfahrung reagiert.

Meistens sind die Reize, die Angst auslösen, Gefühle, die mit deiner Vergangenheit verbunden sind. Du hast etwas Ähnliches schon einmal erlebt, deshalb stellst du Vermutungen an, wie sich die Situation, in der du nun Angst verspürst, entwickeln könnte. Dein Körper reagiert mit uralten Signalen, die aus grauer Vorzeit stammen und für unsere heutige Zivilisation selten angemessen sind. Trotzdem ist Angst eine wichtige Botschafterin. Sie zeigt dir auf, wo etwas in dir danach ruft, beachtet zu werden. Alte Erinnerungen möchten gerne transformiert werden. Wunden möchten heilen, und dein Körper möchte zurück in sein inneres Gleichgewicht. Somit ist die Angst eine sehr gute Lehrerin, die dir dabei helfen kann, dich selbst zu erkennen. Sie macht deutlich: Die Vergangenheit ist vorbei.

Du kannst der Angst angemessen begegnen, wenn du dein Herz öffnest und die Situation genauer betrachtest:

Was fühlst du, wenn du alle Vermutungen, Erinnerungen und alten Erfahrungen beiseiteschiebst? Was ist JETZT wirklich?

Mit den ehrlichen Antworten auf diese beiden Fragen kannst du sehr viel über dich herausfinden. Allzu oft möchte uns unser Verstand vor etwas warnen, was dann überhaupt nicht geschieht. Er will uns helfen, doch er kann nur aus dem schöpfen, was er bereits kennt. Manchmal verbindet er Worte, Gesten oder Ereignisse mit früheren Geschehnissen zu sehr seltsamen Bildern. Diese existieren oft unabhängig von der Realität.

Du kannst durch das Tor der Freiheit gehen und alle Vermutungen hinter dir lassen. Dein Herz kennt einen einzigen Weg – den Weg der Liebe, den Weg der Klarheit, den Weg deines Seelenplans. Alles, was an seiner Seite liegt, will dir nur dazu dienen, noch stärker zu werden.

Vor dir liegen noch viele Erfahrungen, und deine Gefühle färben sie in allen Regenbogenfarben ein. Selbst die Dunkelheit der Nacht ist voller Farbe, doch es fehlt das Licht, um sie sichtbar zu machen. Das Licht ist dein Bewusstsein. Sobald du dir deiner selbst bewusst wirst, werden die seltsamen Schatten sich erhellen, und du wirst hinter die Angst blicken.

Durch den immer dünner werdenden Schleier der Illusion kannst du deutlich erkennen, dass du alles hinter dir lassen kannst, was dich starr sein lässt und wovor du Angst hast. Du kannst den Schleier der Dualität lüften.

Dahinter sind das Einssein und reine Liebe. Das Einssein ist frei von Dualität, frei von aller Materie. Es ist erfüllt von der Hingabe an das große Ganze. Es ist erfüllt von Frieden – voller Liebe der Schöpferkraft.

Du kannst in die Liebe eintauchen und dich reinwaschen von allem, was dir Angst macht. Liebe ist Wahrheit. Sie ist dein Schutz und deine größte Kraft. Sobald sich die Liebe in dir entfaltet hat und du sie annehmen kannst, verschwinden Vermutungen und Ahnungen. Dann kannst du voller Sicherheit durch dein Leben gehen und dein wahres Selbst strahlen lassen!

Die Angst zur Freundin machen
Eine spannende Übung

Nimm dir Zeit, und finde einen Ort, an dem du dich behaglich und sicher fühlst. Sorge für Ruhe und Gemütlichkeit. Erschaffe dir einen Raum der Geborgenheit. Gerne kannst du auch deinen Schutzengel dazu einladen, dich zu unterstützen und zu beschützen.

Nun spüre kurz deine Angst. Vergiss nicht: Du bist in vollkommener Sicherheit. Gehe kurz und tief in das Gefühl hinein.

Dann nimm es aus dir heraus. Du kannst mit deinen Händen dorthin fassen, wo das Gefühl am stärksten ist, und es symbolisch herausziehen. Stelle es vor dich hin, und gib ihm eine Gestalt. Betrachte sie – sie möchte dir helfen. Sie hält eine wichtige Information für dich bereit. Öffne dein Herz für die Botschaft. Lasse dir Zeit.

Wenn du das Gefühl hast, die Nachricht verstanden zu haben, kannst du der Angst eine neue Gestalt geben. Verwandle sie in eine schöne, freundliche Person oder ein Krafttier. Fortan wird dich das Gefühl beschützen und dir voller Liebe dienen. Wenn es auftaucht, kannst du es mit Freude willkommen heißen und entspannt die Botschaft empfangen.

Fühle nun deinen Körper und deinen Geist. Spüre, wie es sich anfühlt, frei zu sein und die Wahrheit zu kennen.

Du kannst das Erlebnis und die Informationen, die du erhalten hast, in deinem Lebensbuch notieren. Dies wird dir dabei helfen, dich an deine positiven Erkenntnisse zu erinnern – und daran, dass du allein entscheidest, welchen Weg du gehst und wie du deine Erfahrungen bewertest.

Affirmation

Fühle dich selbst. Jetzt und hier bist du in vollkommener Sicherheit. Du entscheidest dich dafür, deinem Leben einen neuen Impuls der Freiheit und des Selbstvertrauens zu geben.

Stelle dich vor einen Spiegel, und sprich dir voller Gewissheit in die Augen:

»Ich lebe frei und selbstbestimmt ein wundervolles Leben. Ich liebe mich selbst und bin offen für den Schutz, den das Leben mir schenkt. Ich bin in Sicherheit.«

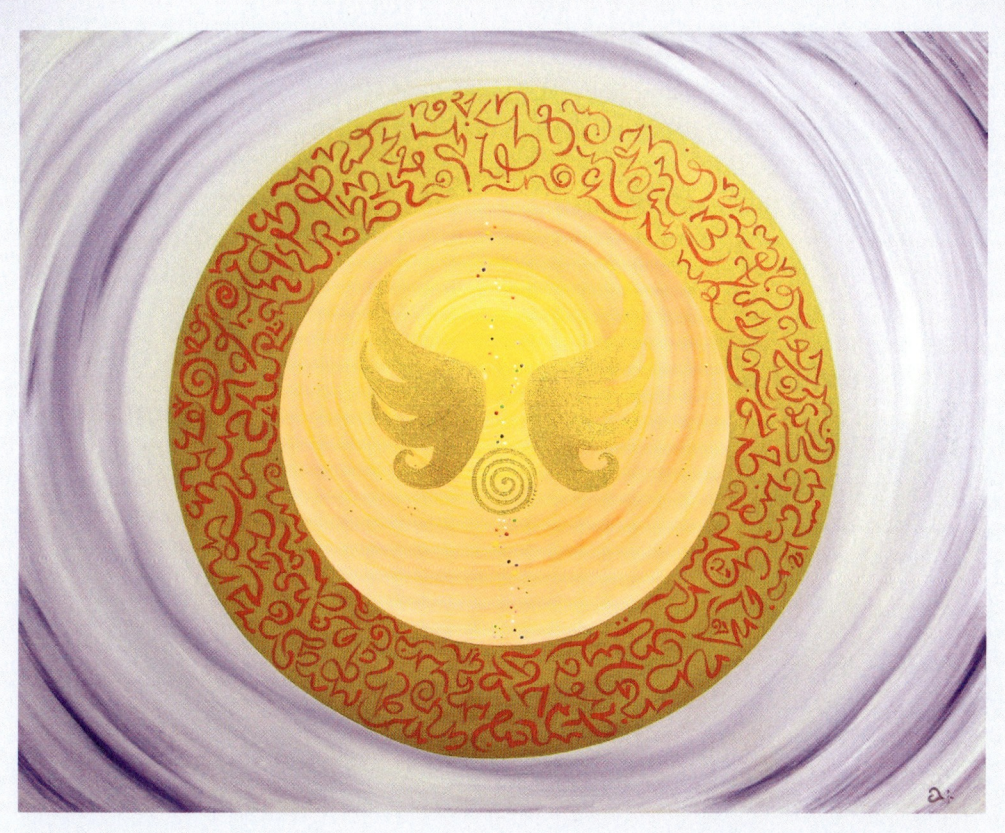

Das Sternentor des Potenzials

Die Botschaft

Geliebte Seelen! Ein Zyklus endet, und es ist Zeit, dass ihr euch über eure Pläne klar werdet. Lasst ihr euch treiben im Vertrauen darauf, dass eine höhere Macht für euch alles Wichtige in die Wege leitet, oder versucht ihr, das Potenzial in euch zu erkennen und zu nutzen? Welchen Weg möchtet ihr gehen? Welche Kräfte dürfen euch begleiten? Dem Leben zu vertrauen, heißt, euch selbst zu vertrauen. Vertraut auf die Macht, die in euch ruht. Ihr allein entscheidet, wie ihr sie nutzt. Ihr allein entscheidet, ob ihr sie sinnvoll und liebevoll einsetzt. Ein Zyklus endet, damit ein neuer beginnen kann. Eine Zeit voller Seelenkraft liegt vor euch. Die Menschheit lernt wieder, zu verstehen, dass ein Leben ohne Seele leer ist. Spürt ihr eure Seele, dann spürt ihr das Leben in seinem ganzen, leuchtenden Spektrum. Ihr allein entscheidet, wie weit ihr euch öffnet. Doch öffnet ihr euch, werdet ihr von einer Energie erfüllt, die euch weit über die Grenzen aller Vorstellungen hinausträgt. Ihr werdet unendlich geliebt.

Empfangen durch Sonja Ariel von Staden im November 2007

Bedeutung

Wovon träumst du schon dein Leben lang? Was wolltest du immer schon erleben oder sein? Hast du das Gefühl, dass noch mehr auf dich wartet – und du nur noch nicht genau weißt, was es ist?

Die Antworten auf diese Fragen zeigen dir, dass in dir noch viel mehr verborgen ist, als du bisher gelebt hast. Jedes Leben auf dieser Erde ist so vielschichtig und einzigartig, dass es auf den ersten Blick kaum erfasst werden kann. Deine Seele hat so ein großes Potenzial in deinen Körper und deinen Geist einfließen lassen, dass es eine Weile dauert, bis sich alles entfaltet hat. Wie eine kostbare, regenbogenbunte Zwiebel unzählige Schichten hat, so kannst auch du jeden Tag neue

Facetten deiner selbst und neue Fähigkeiten in dir entdecken. Diese kannst du einfließen lassen in dein Leben, um es noch schöner und strahlender zu gestalten.

In dieser besonderen Zeit des Neuen Bewusstseins eröffnen sich Möglichkeiten, die es vorher nicht gegeben hat. Die Erde wird von Energie durchflutet, die alle Wesen dazu auffordert, sich ihrer Bestimmung gemäß voll und ganz zu entfalten. Jede Seele kann nun ihren allerhöchsten Meisterplan erleben. Alles wird energetisch aufgeladen und angehoben, damit wir ein Zeichen setzen können! Auch du bist dazu aufgefordert, dein Licht zu zeigen und deinem inneren Stern zu folgen. Dein persönlicher, allerschönster Traum darf nun in Erfüllung gehen. Deine Seele ist hier auf der Erde Mensch geworden, um einen Zyklus abzuschließen und die wahre Meisterschaft zu erleben.

Die Macht in dir lädt dich jeden Tag dazu ein, deinen Träumen zu folgen. Du hast in dir einen tiefen Wunsch, ein großes Ziel, das nach dir ruft. Du bist mit einem Plan auf diese Welt gekommen, der sich vor deinen Augen langsam entfaltet, wenn du voller Aufmerksamkeit hinschaust. Deine Träume sind in dir, um dir den Weg zu weisen. Vielleicht hattest du schon als Kind genaue Vorstellungen davon, was in deinem Leben geschehen soll. Wenn man ein Kind fragt, was es später werden will, gibt es oft unter zahllosen Antworten eine, die schließlich realisiert wird. Viele Menschen haben schon ganz früh eine Vorstellung, die sich immer stärker manifestiert. Das kann zum Beispiel ein bestimmter Beruf sein, eine besondere Partnerschaft mit einer großen Familie oder ein Ort, an dem sie unbedingt sein wollen. Manchmal sind es kleine Ziele, die für einen gewissen Zeitraum ausgekostet werden, und dann wieder große Ziele, die das ganze Leben betreffen. Kleine und große Ziele sind wichtig, denn sie fordern dich dazu auf, die Meisterschaft hier auf Erden zu leben.

Du wirst zu einem wahren Meister des Lebens, wenn du deinen Träumen folgst und sie lebendig werden lässt.

Das Sternentor des Potenzials zeigt dir, wie du deinen Zielen näherkommen kannst. Es macht dich darauf aufmerksam, dass viele Kräfte in Liebe bei dir sind.

Sie alle möchten dich unterstützen und dein Potenzial fördern. Himmel und Erde stehen dir zur Seite, um aus dir einen wahren Meister zu machen. Du kannst jede Energie dazu einladen, dir Hinweise und Impulse zu geben, damit du den Weg in dein Innerstes voller Freude gehen kannst. Denn dort – tief in dir – ruht der Schatz, der gehoben werden möchte.

Immer wieder beginnt ein neuer Zyklus der Meisterschaft im Leben. Wie du das Innerste der Zwiebel, das tief in ihr versteckt ist, Schicht um Schicht freilegen kannst, kannst du auch deinem goldenen, leuchtenden Seelenkern mit jedem Tag näher kommen. Du kannst jeden Tag aufs Neue eintauchen in die Tiefen deiner selbst. Fasse Mut, und lebe deine Träume. Du kannst dir auf dem Weg helfen lassen – von der geistigen Welt und von erfahrenen Menschen, die dich fördern und anleiten können.

Die Schöpferkraft in dir wächst von Tag zu Tag. Es ist an dir, sie zu nutzen und anzuwenden auf deine ganz persönliche Weise und zum Wohle aller, die um dich sind. Lasse dein Potenzial lebendig werden. Dies ist der tiefste Sinn deines Lebens.

Den Lebenstraum lebendig werden lassen

Eine Übung, die das Leben verändern kann – besonders als 30-Tage-Übung

Vielleicht hast du Träume und Wünsche, die dir zeigen, was du wirklich im Leben erreichen willst. Jetzt ist die Zeit gekommen, ihnen nachzuspüren. Finde einen Platz, an dem du dich wohlfühlst und an dem du Ruhe hast. Nimm dein Lebensbuch zur Hand, mache es dir gemütlich, und fühle dich selbst mit geschlossenen Augen. Atme tief, spüre deinen Körper, und genieße den Augenblick der Entspannung.

Lies zuerst eine Anweisung und führe sie aus, bevor du zur nächsten gehst. Das ist sehr wichtig.

1. Der perfekte Moment

Stelle dir vor, dass jetzt, in diesem Augenblick, alles genau so ist, wie du es dir immer gewünscht und vorgestellt hast. Tauche ein in diesen perfekten Zustand, und öffne alle deine Sinne. Sieh dich um, rieche den Duft, lausche den Geräuschen um dich herum, und fühle dich in diesem besonderen Moment, an dem alles genau so ist, wie du es dir immer erträumt hast.

Wo bist du? Wie sieht es dort aus? Wer ist bei dir? Welche Kleidung trägst du? Was geschieht um dich herum?

Schreibe es auf, in allen Einzelheiten. Es ist dein Traum.

2. Glaubenssätze & alte Muster

Wenn du alles notiert hast, fühle in dich hinein, ob es in dir Widerstände gegen dieses perfekte Bild gibt. Gibt es noch Glaubenssätze, die du gelernt hast und die dir angeblich beweisen, dass dein Ziel unerreichbar ist? Spürst du die alten Muster aus deiner Familie? Wie wirken sie in dir? Welche Ausreden trägst du in dir, die zwischen dir und deinem Ziel stehen?

Schreibe auch diese auf, damit sie dir deutlich werden. Lasse hinter jedem Satz, der dir einfällt, Platz für einen weiteren.

3. Positives Formulieren

Alle Widerstände werden durch deine innere Kraft geformt. Du kannst überwinden, wenn du dir klarmachst, dass du es, wie jede andere Seele, verdient hast, glücklich zu sein.

Lies dir die Sätze durch, die deine inneren Widerstände beschreiben, formuliere sie dann positiv um und schreibe diese Sätze hinter die, die schon dastehen. Zu jedem Glaubenssatz gibt es nun einen neuen, bejahenden. Zum Beispiel wird aus »Das schaffe ich nie« ein Satz wie »Das schaffe ich mit Leichtigkeit«.

4. »Ja, ich will!«

Wenn du wirklich dein ganzes Potenzial entfalten möchtest, braucht es nun noch einen Erkenntnisschritt:

Alles um dich herum ist dazu da, dich zum Meister deines Lebens zu machen. Alles dient dir, indem es dich fördert, mit dir übt und prüft, ob du auch reif für dein Ziel bist. So, wie du einst immer wieder das Laufen geübt hast und dabei öfter einmal hingefallen bist, hast du mit jeder neuen Herausforderung trainiert und dazugelernt. Heute bist du ein starker Mensch mit vielen Erfahrungen.

Willst du nun weiterkommen? Dann gib dem Leben, dem Universum und der göttlichen Quelle ein Ja. Fühle das »Ich will« tief in dir. Spüre die Begeisterung, das Drängen in dir und all die Gefühle, die du hast, wenn du daran denkst, am Ziel zu sein. Schreibe unter deine Notizen groß »Ja, ich will!«.

5. »Ja, ich will ...«

Dann ergänze deine Wünsche:
Ja, ich will glücklich sein.
Ja, ich will an meinem Ziel sein.
Ja, ich habe es verdient, meinen Traum Wirklichkeit werden zu lassen ... usw.

Diese Liste kannst du beliebig verlängern. Du kannst diese Sätze auch laut aussprechen, damit das Universum dich noch besser hören kann.

Nun ist es an dir, alle Geschenke anzunehmen, die kommen. Es ist Zeit zu handeln. Du kannst die Impulse um dich herum annehmen und Menschen einladen, die dir helfen können. Folge deinen Gefühlen, und mache dir immer wieder klar, dass in dir alle Werkzeuge vorhanden sind, die du brauchst, um an dein Ziel zu gelangen – sonst gäbe es diesen Wunsch nicht in dir. Nur weil du alles in dir hast, was du brauchst, um sie zu verwirklichen, hast du diese Träume. Lebe sie.

Mache dir bewusst, dass auf dieser Erde alles auf eine Bewusstseinserweiterung zustrebt und dass jeder Mensch, der sein Potenzial entfalten möchte, über viele wundervolle, aber auch geheimnisvolle Wege gefördert wird – auch du.

Intensiv Ja zum Leben sagen

Eine 30-Tage-Übung

Du kannst aus der oben beschriebenen Übung eine machtvolle 30-Tage-Übung machen. Dazu nimmst du dir jeden Tag die Zeit, die fünf Schritte zu durchleben. Je mehr Zeit du dir zu Beginn nimmst, desto weniger Zeit wirst du mit jedem Tag brauchen, denn du wirst immer schneller in das wundervolle, glückliche Gefühl kommen. Du wirst immer weniger Widerstände fühlen, weil du dich stärker auf die positiven Glaubenssätze konzentrierst. Das Ja wird immer lauter und kraftvoller.

Nach 30 Tagen wirst du so viel von deinem inneren Potenzial aktiviert haben, dass du erkennst, wie nahe du dem Ziel schon bist. Und dann fließt dir alles zu, was du wirklich willst und brauchst!

Affirmation

Fühle das Kribbeln in dir, wenn du an die vielen tollen Möglichkeiten denkst, die noch vor dir liegen. Spüre, wie du in dir alle Türen öffnest, damit dein Potenzial ans Tageslicht kommen kann.

Dann sprich dir vor einem Spiegel in deine Augen und in dein Herz:

»Ja, ich erlebe mein allerschönstes Leben. Ich bin glücklich, mein ganzes Potenzial entfalten zu dürfen. Ich liebe mich und mein Leben!«

Das Sternentor
des Selbstwertes

Die Energie der Entfaltung

Die Botschaft

Erkenne dich, geliebte Seele! Öffne deine Augen, richte sie auf die Welt und dann nach innen – in den Kern deines Selbst. Dort liegt alles verborgen, was dich auf dieser Erde ermächtigt, ganz und gar du selbst zu sein. Du darfst alles empfinden, alles erleben, alles erschaffen, was du für möglich hältst. Erkenne den wahren Wert deines Lebens. Du bist göttlich, weil alles göttlich ist. Lasse diese Botschaft auf den Grund deines Seins sinken, damit sich dort die Schatzkammer deines Lebens öffnen kann. Spüre die Kräfte in dir, deine Schönheit, dein Potenzial. Entfalte dich selbst wie eine Blüte im Frühling, und erfahre dich in deiner ganzen Pracht. Du allein bestimmst den Wert deines Lebens – den Wert deiner selbst. Genieße es, du selbst zu sein, ein Mensch in diesem Leben. Du bist wertvoll – für dich selbst und für die Welt.

Empfangen durch Sonja Ariel von Staden im März 2008

Bedeutung

Du bist eine einzigartige Seele in einem ganz besonderen Körper, mit einem wachen Geist und großer Energie. Du bist ein Mensch – und Menschen bewerten, es ist ein Instinkt. Die Fähigkeit, eine Situation einzuschätzen und zu beurteilen, kann dir Auskunft darüber geben, ob du in Sicherheit oder in Gefahr bist. Für das Überleben einer Spezies ist das instinktive Bewerten von Situationen von großer Wichtigkeit.

Durch rationales Bewerten setzt du dich in Bezug zu deinen Mitmenschen, so wie du es gelernt hast. Dein Verstand sucht nach Mustern, die ihm dabei helfen, deine Lage einzuschätzen. Er möchte sicherstellen, dass du in der Gesellschaft anerkannt bist, denn wir Menschen kuscheln uns gerne in ein warmes Nest aus Zuneigung und Geborgenheit, wir suchen nach Schutz und Sicherheit.

Nun überlegst du, welcher dein ganz persönlicher Wert in der Gesellschaft ist. Du hast als Kind eine Menge über deinen vermeintlichen Wert erfahren. Die Menschen in deiner Umgebung hatten ihre Meinung über dich und beurteilten dich nach ihren Maßstäben. Doch jetzt bist du erwachsen und darfst selbst über deinen Wert entscheiden, nur du allein. Ist das nicht eine großartige Möglichkeit? Du allein darfst tief in dir bestimmen, welchen Wert du dir gibst. Und du darfst den Maßstab setzen.

Wie auch immer du aussiehst, was auch immer du gelernt hast, für welchen Beruf du dich entschieden hast oder ob du völlig anders lebst als die anderen – in dir schlägt ein stolzes, wahres Herz. Dein wahres Herz ist unabhängig von Meinungen. Es ist die Verbindung zu deiner Seele, und diese ist unsterblich, auf ewig eins mit der Quelle, aus der du stammst. Deine Seele ist göttlich. Spürst du dies in deinem Herzen, bist du in diesem Moment frei von allen Bewertungen.

Im Einssein bist du alles. Da gibt es kein Besser oder Schlechter, kein Richtig oder Falsch, keine Wertung. Im klaren Sein bist du glücklich über das, was du bereits erlebt hast, und du freust dich auf alle neuen Erfahrungen. Auch diese sind frei von Wertungen.

Du bist hier. Du kannst dein Leben und dein Menschsein feiern! Sei einfach du selbst, damit bist du großartig. Alles an dir ist ein lebendiges Wunder. Erkenne es, und sei einfach glücklich über das, was du bist. Frei von Bewertung zu sein, heißt, Frieden, Freiheit und vollkommene Glückseligkeit zu erfahren.

Entfalte dich

Eine 30-Tage-Übung

Um dich aus dem Kreislauf der Bewertung zu lösen und deinen wahren Selbstwert zu finden, ist es wichtig, dich selbst gut zu beobachten. Im Alltag, in den eingefahrenen Spuren, kannst du schnell in Versuchung geraten, Menschen, Ereignisse und dich selbst zu bewerten. Es ist sehr spannend, zu erfahren, wie gut es tut, alles auf eine neutrale, liebevolle Weise zu betrachten.

Wenn du 30 Tage lang deine Gedanken und Worte beobachtest, wirst du eine Verwandlung spüren. Du kannst dich aus der ständigen Selbstbewertung befreien und deinen wahren Wert entfalten.

Du blickst hinter die Kulissen. Du lässt Vermutungen beiseite und siehst einfach genau hin. Statt zu kritisieren und Menschen zu bewerten, erkennst du, warum sie so oder anders handeln. Du bemerkst die wahren Beweggründe und kannst Mitgefühl entwickeln – auch für dich selbst.

Frei von Bewertung zu sein, heißt, Respekt vor dem göttlichen Kern, der in allem wohnt, zu haben.

Beobachtest du dich selbst, wirst du schnell bemerken, dass du ein ganz bestimmtes Bild von allem hast. Dies legst du wie eine Schablone auf alles, was dir begegnet. Dein Verstand liebt Muster, Schubladen und Bewertungen, in denen du feststeckst. So sorgt er dafür, dass alles bleibt, wie es ist.

Du möchtest Neues erfahren? Möchtest dich selbst lieben, schätzen und deinen wahren Wert erfahren? Dann schaue genau hin.

Schreibe deine Erfahrungen auf. Notiere, was sich anders anfühlt, wenn du nicht bewertest. Wie fühlst du dich selbst, wenn du nicht immer eine Schablone über dein Leben legst? Kannst du die Welt und dich mit anderen Augen sehen? Voller Liebe und Mitgefühl, voller Respekt und Klarheit? Wie ist dein Selbstwert? Kannst du ihn entfalten?

Schreibe täglich deine Gefühle und Erlebnisse in Bezug auf deinen Selbstwert auf. Nach 30 Tagen hat sich etwas verändert. Du hast dein Bewusstsein erweitert und kannst deinen wahren Wert viel besser erkennen. Entfalte deine Flügel, und starte in ein Leben voller Spaß und Schönheit!

Wenn du die folgende Affirmation zusätzlich mindestens einmal am Tag sprichst, kannst du den Effekt der Übung noch verstärken.

Affirmation

Sprich diese Worte immer wieder in deine Augen und dein Herz:

»Ich bin frei. Ich bin eine göttliche Seele und habe dieses Leben gewählt. Ich bestimme selbst, wie ich sein will und was ich in diesem Leben erfahren möchte!«

Spüre nach, wie sich Freiheit und Selbstbestimmung anfühlen. Mache die Worte in dir lebendig. Dein Herz wird an Kraft gewinnen, und deine Augen werden leuchten!

Das Sternentor der Selbstliebe

Die Botschaft

Geliebte Seele! Alles in diesem Universum – in deinem Universum – gründet auf Liebe. Nur aus diesem Grunde ist es entstanden: damit sich alles mit Liebe und durch die Liebe erfährt.

Ist Selbstliebe in dir, spürst du das Leben auf eine Weise, die einfach wundervoll ist und dich mit allem verbindet, was existiert. Du spürst dich selbst wirklich, fühlst deinen Wert, deine Weisheit und deine wahre Kraft. Gib dich der Liebe hin. Nimm dich selbst in deiner ganzen Größe an als das, was du bist: eine leuchtende Seele, die großartige Erfahrungen für sich selbst und für die göttliche Einheit macht. Dank dir kann das Universum bestehen. Denn es besteht, um dir die Liebe zu zeigen und sie in dir spürbar zu machen. Öffne dich, dann kannst du wahrlich leben.

Empfangen durch Sonja Ariel von Staden im März 2008

Bedeutung

Selbstliebe hat eine ganz besondere Bedeutung in unserem neuen Zeitalter. Sie ist die Basis und zugleich die Brücke in diese neuen Dimensionen des Seins.

Die Liebe eines Menschen zu sich selbst ist der leuchtende Beginn von wahrem Bewusstsein. Sie ist ein beherzter Schritt in eine neue, befreite Welt echter Gefühle, voller Ehrlichkeit und aufrichtiger Erkenntnis.

Der Morgen dämmert in schimmernden Pastelltönen. Der Tag beginnt mit einem freundlichem Flüstern. Viele funkelnde Stunden liegen vor dir, die angefüllt sein werden mit neuen Erfahrungen, die deine Seele gerne sammeln möchte. Wie wirst du diesen einzigartigen Stunden und Minuten Lebendigkeit einhauchen? In dir liegt alle Schöpferkraft. Wie setzt du sie ein, damit du zutiefst zufrieden und glücklich sein kannst? Es ist dein Leben, dein Tag, deine Entscheidung.

Das Zauberwort ist Selbstliebe. Wenn du tief in dir spürst, dass du ein liebenswerter und wertvoller Mensch bist, kannst du deine innere Energie wirklich sinnvoll einsetzen. Dann spürst du die Magie des Lebens! Die Liebe zu dir selbst ist eine Kraft, die nur du allein entdecken und erwecken kannst. Sie wurde dir zwar in die Wiege gelegt, doch sie schlummert leise vor sich hin, bis du bewusst erwachst.

Der Moment, in dem du in den Spiegel schauen und dich selbst voller Glück und in liebevoller Zuneigung betrachten kannst, ist der Start in ein neues Leben. Du hast die Brücke überschritten und stehst auf dem Boden eines neuen Landes, das du nun entdecken kannst, ein Land voll echter Freunde und voller Träume, die endlich in Erfüllung gehen. Hier sieht dein Auge klar, hier ist dein Herz offen und weit. Deine inneren Sinne erwachen, weil du dich selbst endlich in all deiner Schönheit, Weisheit und Klugheit wahrnimmst.

Selbstliebe erwacht, wenn du mit klarem Blick alles erkennst, was dir über dich beigebracht wurde. Du schaust hinter die Rollen, die du bisher gespielt hast, um akzeptiert und geliebt zu werden. Du blickst hinter die Fassade, hinter die Mauer, die deine zarte Seelenkraft umschließt. Hast du früher vielleicht geglaubt, dass es klüger ist, deine gefühlvollen, weichen Seiten gut zu verbergen – »Sicher ist sicher ...«? Lasse das hinter dir, traue dich nun, eine Tür zu öffnen, damit Licht, Leben und Freude deine Selbstliebe zum Erwachen bringen können.

Erkenne, dass du dich und all deine bisherigen Erlebnisse selbst erschaffen hast. Jeden Tag beginnt dein Leben neu. Wenn die Selbstliebe erwacht, fängst du endlich an, dich selbst und jede Minute des Seins zu genießen.

Du hast dir diesen Körper gewünscht, damit du deine Erfahrungen machen kannst. Jede einzelne Zelle dient dir aus bloßer Liebe heraus. Genieße deinen Körper, sprich mit ihm, dann wird er dir mit noch größerer Freude dienen, und denke stets daran: Alles geschieht zu deinem Wohle, um den Schatz und Reichtum deiner Erfahrungen zu ergänzen.

Du hast dir auch deine besonderen Fähigkeiten gewünscht. Nun erkenne sie an, und nutze sie, um es dir schön zu machen auf dieser eindrucksvollen Erde. Auch du kannst Dinge vollbringen, die in dieser Welt gebraucht werden. Entdecke sie, liebe sie, und wende sie an. Entfalte dich, wie eine Rose ihre Blütenblätter entfaltet und ihren schönen Kopf der Sonne zuwendet.

Lerne mit sanfter Achtsamkeit, alles an dir anzuerkennen, Schatten und Licht. Beides ist wichtig, denn beides formt dich in dieser Welt der Dualität. Auch der dunkle Schatten ist ein Teil von dir. Als Mensch bist du dual – Yin und Yang in einem. Es sind die Ausgewogenheit und der Weg der Mitte, die dich reich machen. Folge deiner Intuition, und entscheide zwischen den Extremen. Betrachte sie, und lerne, auch diese Kräfte zu lieben. Es ist möglich. Alles ist möglich!

Wenn du dich selbst in allem, was du bist, und mit allem, was du kannst, akzeptierst, kann aus dem lebenslangen Wettkampf endlich tiefer Frieden werden. Du kannst die Anspannung loslassen. Du kannst befreit durchatmen. Du bist wundervoll und kannst es nun spüren. Sei, wie du bist, so ist es gut. Du kommst zur Ruhe und siehst klar und deutlich den Weg deines Lebens vor dir.

Wann auch immer du die Brücke in deine Neue Zeit überschreitest, die geformt wird aus der Tiefe deines Herzens, wirst du das Leben auf eine Weise spüren, wie du es nie für möglich gehalten hast. Du selbst bist das Wunder, das sich jeden Tag neu erschafft.

In dir ist alles, was du brauchst, um auf einzigartige Weise glücklich sein zu können. Im Spiegel wirst du es erkennen.

Der Spiegel
Eine einfache magische Übung

Lies dir diese Übung zuerst einmal durch, und beginne dann Schritt für Schritt.

Nimm dir dein Lebensbuch und einen Stift zur Hand, und suche dir den größten Spiegel, den du finden kannst. Je mehr du von dir sehen kannst, desto besser.

Nun betrachte dich mit ganz neuen Augen, so, als würdest du dich jetzt zum ersten Mal sehen. Betrachte zuerst die Stellen an dir, die du am meisten magst. Notiere dir in allen Einzelheiten, was dir daran besonders gut gefällt. Nutze alle deine Sinne – rieche, schmecke, fühle, sehe und höre in dein Inneres. Schreibe auf, was dich einzigartig macht. Du kannst auch notieren, was andere an dir mögen und wofür sie dir Komplimente machen. Siehst du es auch so?

Wandere mit deiner Aufmerksamkeit von einem Körperteil zum nächsten. Schaue dich ehrlich und liebevoll an. Je offener du für ein neues Erleben deines Selbst bist, desto besser wirkt diese kleine Übung.

Schreibe in positiven Worten, die aus dem Herzen und dem Bauch kommen. Der Verstand darf eine Weile ruhen und mit ihm die Rollen und alten Glaubenssätze. Formuliere so schön wie möglich. Wenn es dir anfangs hilft, dann schreibe über dich selbst, wie du über einen Menschen schreiben würdest, den du aufrichtig magst, zum Beispiel deine beste Freundin/deinen besten Freund oder deinen Partner/deine Partnerin. Je weicher und zärtlicher du über dich schreibst, desto mehr öffnest du dein Herz für dich selbst.

Nimm dir Zeit. Sei geduldig mit dir selbst. Wenn du an einen Körperteil oder einen Schattenteil kommst, den du bislang abgelehnt hast, erforsche deine Gefühle. Gibt es einen Grund, warum du so fühlst? Weil der gesellschaftliche Trend gerade in eine andere Richtung geht? Liegt es an den äußeren Umständen und der Meinung anderer?

Vergiss nicht: Wir formen uns einerseits aus uns selbst heraus und andererseits durch die Meinungen und Ansichten unserer Umwelt. Jetzt aber bist du wichtig! Welche Meinung hast du über dich selbst?

Je öfter du diese Übung machst, desto mehr erfährst du über dich selbst. Und je besser du dich kennenlernst, desto klarer merkst du: Erst wenn du dich selbst liebst – mit allem, was du bist –, wirst du wirklich leben. Dann entscheidest du dich für dich und für alles, was du brauchst, um zufrieden zu sein.

Jedem Menschen steht es offen, das Glück zu wählen und die Sonnenseite des Lebens zu erleben. Wenn du deine Selbstliebe erweckst, bist du voll und ganz angekommen auf dieser Erde. Dann kannst du das »ICH BIN« wirklich fühlen – und genießen.

Erweckung der Selbstliebe
Eine 30-Tage-Übung

Schreibe 30 Tage lang jeden Abend auf, was du an dir liebst. Nimm dir mindestens eine Viertelstunde Zeit dafür.

Sei kreativ. Ergänze die Liste jeden Tag um neue, positive Seiten deiner selbst. Du kannst auch malen, wie du dich siehst. Es können große oder kleine Gemälde, farbige Flächen deiner Gefühle oder einfach kleine Strichzeichnungen sein. Du kannst auch eine schöne Collage gestalten, die dich in deiner ganzen Pracht und Schönheit zeigt. Habe einfach Freude daran, deine Liebe zu dir selbst darzustellen.

Du kannst die oben beschriebene Spiegelübung einbeziehen, um dich gefühlvoll und verständnisvoll deinem Äußeren zu nähern und dich daran zu erfreuen.

Wichtig ist, dass du jeden Tag mit ganz viel Aufmerksamkeit in dich hineinspürst, dich anschaust und dich entdeckst.

Selbstliebe ist wie eine schlafende Katze. Sie wird erst dann schnurrend und glücklich erwachen, wenn du sie liebevoll streichelst.

Nach 30 Tagen wirst du dich in vielen deiner Facetten erkannt haben. Die ersten Schritte sind getan. Du kannst die Übung so lange fortsetzen, wie du möchtest. Jeder Augenblick, den du deiner Selbstliebe widmest, ist ein göttlicher Moment.

Affirmation

Stelle dich so oft wie möglich vor einen Spiegel. Schaue dich liebevoll und wohlwollend an, und sprich die Worte in deine Augen und dein Herz:

»In mir ist so viel Liebe für mich und mein Leben. Ich entdecke sie jeden Tag neu.«

Stelle dir vor, wie du warm und weich mit Liebe durchflutet wirst. Selbstliebe bringt dein Innerstes zum Leuchten und lässt dich in all deiner Schönheit erstrahlen!

Das Sternentor des Diamanten

Die Botschaft

Wenn du dies siehst, geliebte Seele, wirst du verstehen, dass du in einer Welt der Illusion lebst. Du erkennst den Plan: Das Getrennte will gespürt werden, damit das Eine wieder lebendig werden und sich stets erneuern und erfahren kann. Die Welt der Illusion ist nahezu perfekt. Und doch siehst du nun durch ein winziges Loch in die Welt des Göttlichen, in der alles wieder klar und weit wird.

Ich bin die Klarheit, ich bin die Weisheit, die Göttlichkeit und Essenz. Ich bin IN DIR, jederzeit. Ein Blick genügt, und du verstehst. Du kannst trennen, was zu trennen ist. Du kannst befreien, was befreit werden will. Du kannst absolut frei und klar sein. Befreie dich von der Illusion, und finde deinen Frieden. Sei gesegnet – für alle Zeit.

Empfangen durch Sonja Ariel von Staden im April 2008

Bedeutung

Der Diamant ist der härteste Edelstein. Wenn er zum Brillanten geschliffen ist, fängt er das Licht ein und funkelt in allen Farben des Regenbogens. Die Essenz des Diamanten möchte dir zeigen, was deine eigene Wahrheit ist – so klar, wie es nur der reinste Kristall dieser Erde kann. Seine Botschaft ist ebenso klar und rein: »Das Leben ist ein Spiel. Du bist gleichzeitig Spieler und Spielgestalter.«

Jeder Mensch hat kleine und große Illusionen – duale Gegenstücke zur Realität – über sich selbst und das Leben, und genau damit lässt sich ein herrliches Spiel spielen.

Das Leben ist ein Spiel mit Glauben, Wissen und Erfahrung. Wenn du erlebst, wie sich bestimmte Situationen und Erfahrungen anfühlen, erschaffst du dir deine eigene Realität. Du bildest dir deine Meinung – sie ist für dich in diesem Moment wahr – und bis zu einem bestimmten Moment glaubst du, dass deine Meinung über eine bestimme Sache die richtige ist. Dann liest oder hörst du plötzlich, dass die Wissenschaft bewiesen hat, dass es eine ganz andere These zu diesem Thema gibt. Die Illusion platzt wie eine schillernde Seifenblase. Sie hinterlässt einen Raum, der mit neuen Informationen gefüllt werden will.

Stelle dir ein Spiegelkabinett vor, wie sie es früher auf den Jahrmärkten gab. Du gehst hinein und bewegst dich durch ein Labyrinth aus Spiegeln. Jeder Spiegel zeigt dich auf eine andere Weise: Einer macht dich groß, ein anderer klein, einer zeigt dich dick, der andere dünn. Wie sieht die Wahrheit aus?

Die große Illusion ist das innere Bild und die Meinung, die du über dich selbst hast. Beides wurde geformt durch die Welt, in der du aufgewachsen bist. Aus vielen Möglichkeiten hast du dir jene ausgesucht, die dich auf eine ganz bestimmte Weise geformt hat. So konntest du bis heute ein kunterbuntes Spektrum an Erfahrungen sammeln.

Im täglichen Leben siehst du dich in vielen Spiegeln: im Spiegel der Gesellschaft, in den Augen deiner Eltern, deiner Freunde, deines Partners. All diese Spiegel reflektieren dich auf ihre ganz subjektive Weise. Jeder hat eine Meinung von dir und teilt sie dir mit. Aus allen Meinungen bildet sich mit der Zeit ein einzigartiges, facettenreiches Bild von dir, das du in dir trägst wie einen Schatz – als sei es die ultimative Wahrheit.

Der Diamant sagt: »Wache auf! Wende deinen Blick aus dem Außen in dein Inneres. Dort liegt, hinter vielen Schichten aus Glauben, dein wahres Selbst verborgen!«

Die Erde dreht sich Tag für Tag. Sie ist bewohnt von Menschen, Tieren und vielen anderen Seelen. Sie ist ein großer Planet, der all seine Pracht zur Verfügung stellt, damit hier all die kleinen und großen Spiele stattfinden können. Du spielst mit in diesem großen Gefüge aus Wünschen und Träumen.

In dem Moment, in dem du erkennst, dass du mittanzt auf dem großen Maskenball, kannst du die Maske ablegen – und die Menschen um dich herum dürfen dich in all deinen funkelnden Facetten und deiner wahren Schönheit sehen. Wie jeder Diamant dieser Erde mit seinem Feuer und Liebreiz einzigartig ist, so bist auch du etwas ganz Besonderes.

Finde den wahren Spiegel in dir, in dem du dich wahrhaftig erkennen kannst. Dann wirst du beginnen, eine neue Realität jenseits der Illusion zu erschaffen. Dann bist du ganz du selbst und findest deinen eigenen Weg. Dann ist es nicht mehr wichtig, ob sich der Weg von anderen unterscheidet oder nicht – weil du mit dir und deiner Philosophie vom Leben glücklich bist. Dafür wirst du geliebt.

Du beginnst, neue Regeln für dein Spiel des Lebens zu erschaffen. Regeln, die dir guttun und dem Wohle aller Beteiligten dienen. Frieden kann einkehren, und Lebensfreude wird zum Mittelpunkt deines Erlebens.

Unterscheiden zwischen Illusion und Realität

Eine Meditation

In dir existiert ein Raum, in dem du dich selbst frei von Illusion findest. Nimm dir Zeit, mache es dir an einem ruhigen Ort bequem, und lasse alle Gedanken ziehen. Tauche ein in den innersten Raum deines Selbst.

Dieser Raum ist zunächst leer. Alle Einflüsse von außen, alle fremden Meinungen bleiben fern. Hier begegnest du dir selbst. Denke daran: Du formst deine Realität und auch deine inneren Bilder. Wer bist du wirklich? Was an deinem Leben ist Illusion und was Realität?

Nimm den Diamanten zur Hilfe. Er zeigt dir auf liebevolle, sehr klare Weise deine Masken und die Rollen, die du spielst. Lasse dir durch ihn dein wahres Ich, deinen göttlichen Seelenkern zeigen.

Wenn du möchtest, kannst du diese Erkenntnisse in dein Lebensbuch schreiben. So wirst du mit der Zeit alle Masken ablegen können. Das Spiel wird dein Spiel!

Affirmation

Stelle dich vor einen Spiegel, betrachte und erkenne dich in aller Ruhe. Dann sprich diese Worte in deine Augen und dein Herz:

»Ich bin eins mit allem und vollkommen frei. Ich entscheide, wer ich bin und wie ich leben möchte.«

Es ist dein Leben, dein Spiel und deine große Chance, etwas Besonderes aus deinem Leben zu machen – jenseits der Illusion und mit deiner ganz eigenen Lebensphilosophie.

Das Kristall-Sternentor
von Erzengel Michael
und Lapislazuli

Die Botschaft

Spüre die Kraft und Schönheit in dir, geliebte Seele. Spüre die Würde und Macht, die deiner Seele innewohnt. Ich möchte dich mit liebevollem Nachdruck darauf aufmerksam machen, welche Größe du hast.

Mein Wesen ist die Königlichkeit. Ich teile dir den Frieden mit, den die Verantwortung für dich selbst mit sich bringt. Wenn du dich selbst fühlst, fühlst du auch meinen Schutz, der dich nährt und mit deinem tiefsten Wesenskern verbindet. Klare Macht, gepaart mit Demut vor dem großen Ganzen, bringt Segen – für dich und die Welt. Wenn du aufrecht und aufrichtig dein Leben durchschreitest, wirst du die kraftvolle Resonanz darauf spüren. Von nun an sorgst du voller Liebe für dein Wohlbefinden, denn du hast die Macht der Entscheidung – in jeder Sekunde. Du wirst wissen, was wichtig ist im Hier und Jetzt. Meine Energie dient dir, zu jeder Zeit.

Empfangen durch Sonja Ariel von Staden im Mai 2008

Bedeutung

Erzengel Michael ist einer der bekanntesten Engel unserer Zeit. Er symbolisiert den größten Schutz dieses Universums. Sein blauer Mantel hüllt die Seelen der Erde liebevoll ein, und sein goldenes Schwert trennt Licht und Schatten. Erzengel Michael sorgt dafür, dass wir Menschen sorgsam zwischen Licht und Schatten entscheiden können.

Der Legende nach war es einst seine Aufgabe, Luzifer, den »Lichtträger« und schönsten aller Engel, auf die Erde zu verbannen, nachdem dieser den Thron Gottes für sich beansprucht hatte. Erzengel Michael sorgt dafür, dass wir Menschen zwischen Licht und Schatten sorgsam entscheiden können.

Rufst du Michael in einer Zeit des Umbruchs, so wird er dir voller Liebe den rechten Weg weisen. Er gibt dir Kraft und baut dich auf. Seine Energie wirkt wie ein starkes Kraftfeld um dich herum, sodass du vor äußeren Einflüssen beschützt bist. Er unterstützt dich auch gerne dabei, fremde Energien aus deinem Schwingungsfeld zu lösen und trennt dich auf deinen Wunsch hin von den Einflüssen deiner Vergangenheit. So kannst du dich dank seiner Hilfe immer wieder befreien und tief durchatmen.

Erzengel Michael zeigt sich in diesem Sternentor gemeinsam mit dem Edelstein Lapislazuli, der seit vielen tausend Jahren für seine Kraft und Schönheit geschätzt wird. Diesem besonderen Mineral wird ebenfalls die Macht eines großes Schutzes zugeschrieben. Im Altertum war es sehr begehrt und ein Symbol für die Würde und Weisheit der Könige. Lapislazuli erinnert dich an deine dir innewohnende Größe. Du trägst in dir große Macht, die du voller Selbstvertrauen und Klarheit sinnvoll einsetzen kannst. Wenn du in dir fühlen kannst, wie wichtig es ist, diese Macht für dich und die Welt zu verwenden, dann kannst du mit erhobenem Haupt und voller Würde durch dein Leben schreiten, dann spürst du, wie einzigartig und wertvoll es ist. Du wirst von höheren Mächten beschützt, weil dein Wirken im großen Kreislauf dieser Erde etwas bewirkt. Du resonierst mit allen Seelen dieser Welt und kannst ihnen leuchtende Impulse schenken. Dies ist deine wichtigste und wertvollste Aufgabe, die mit großer Selbstverantwortung einhergeht. Jede deiner Handlungen bewirkt etwas. Je deutlicher dir dies bewusst ist, desto klarer kannst du handeln.

Erzengel Michael und Lapislazuli helfen dir gerne dabei, diese Verantwortung für dich selbst und deine Handlungen mit Leichtigkeit zu tragen. Wenn du das »Zepter deines Lebens« selbst in die Hand nehmen möchtest, sind sie treu an deiner Seite. Und wenn die Welt um dich herum einmal dunkel wird, hüllen sie dich in ihre schützende, lichtvolle Energie. Sie sind deine Leib- und Seelenwächter!

Wirkungsvoller Schutz
Eine kleine Visualisierungsübung

Wenn du in eine Situation kommst, in der du gerne mehr Sicherheit und Selbstvertrauen fühlen möchtest, kannst du Erzengel Michael rufen. Seine Engelenergie manifestiert sich für dich als hochgewachsener, starker Mann mit einem leuchtend blauen Umhang. Stelle dir vor, dass Michael diesen Mantel schützend um dich legt, während er mit seinem goldenen Schwert den Schatten der Angst fernhält.

In seine Energie gehüllt, kann dir nichts geschehen. Du fühlst in dir großen Mut, Klarheit und Selbstsicherheit. Damit kannst du dem Leben offen entgegentreten und deinen Standpunkt behaupten. Du kannst, mit Michael an deiner Seite, mit klaren Worten und Selbstvertrauen dein Recht einfordern.

Spüre die große Kraft, die aus der Präsenz des Erzengels in dein Herz strömt. Fühle dich wachsen und aufrecht durch den Tag gehen. Du bist voller Macht, nutze sie weise. Michael zeigt dir den Weg zu deiner Seelenessenz.

Um den lebendigen Schutz noch zu verstärken, kannst du einen Lapislazuli am Körper tragen und seine tiefe Weisheit spüren. Du bist beschützt!

Befreiung von fremden Energien
Eine Meditation

Damit du dich wohlfühlen und deine eigene Energie frei genießen kannst, ist es wichtig, dass du zwischendurch immer wieder alle energetischen Verbindungen löst, die du zu anderen Seelen hast. Dadurch befreist du dich von fremden Einflüssen und kannst wieder voller Liebe und Selbstverantwortung auf die Menschen zugehen, die dir am Herzen liegen.

Nimm dir Zeit, und finde einen Raum, in dem du zur Ruhe kommen kannst. Entspanne dich und mache es dir bequem. Fühle deinen Körper und sein Schwingungsfeld so intensiv wie möglich.

Du hast während der vergangenen Wochen, Monate und Jahre viel erlebt. Du hast Kontakte zu Menschen aufgebaut, die nun energetische Verbindungen zu dir haben. Diese Verbindungen sind anfangs wie feine, dünne Fäden. Je länger du einen Menschen kennst und je größer sein Einfluss auf dich ist, desto fester wird dieser Faden. Stelle dir die Menschen, zu denen du Kontakt hast, vor, und spüre, welcher Art die Verbindungen zu ihnen sind. Sind sie flexibel und weich oder haben sie sich im Laufe der Zeit verfestigt, und engen sie dich vielleicht ein? Durch jede Verbindung fließt Energie. In welche Richtung fließt sie? Zu dir hin, von dir weg oder in sanften Wechselbewegungen hin und her?

Schließe die Augen, und nimm ein paar tiefe Atemzüge. Fühle deinen Körper, und betrachte ihn von außen. Du stehst vor einem dunklen Hintergrund und siehst ganz deutlich die hellen Energieverbindungen, die von deiner Aura zu den Menschen fließen, die du kennst. Rufe nun Erzengel Michael. Er zeigt sich in seiner ganzen Pracht und Schönheit. Du kannst ihn darum bitten, mit seinem goldenen Schwert die Verbindungen zu trennen. Es ist ein Akt der Gnade, der Liebe und des Respekts vor allen Seelen. Durch diese Trennung entsteht zwischen dir und deinen Mitmenschen ein großer Freiraum, in dem frische, klare und wunderbare Vitalität fließen kann. Ein Neubeginn und lebendige Impulse sind möglich.

Spüre, wie sich dein Sein neu ausdehnen kann. Was dich vorher eingeengt hat, darf gehen. Du findest neuen Raum in dir, und deine Energie kann wieder entspannt fließen. Sie steht dir wieder vollkommen zur Verfügung. Du kannst neu entscheiden, wem du sie schenken möchtest.

Genieße die Freiheit in dir möglichst lange, damit dein Feld sich neu ausrichten kann. Wenn Bilder und Gedanken kommen, lasse sie an dir vorüberziehen. Sei einfach nur im Fühlen deiner Energie.

Danke zum Abschluss Erzengel Michael für seine Unterstützung. Spüre deinen Körper und die neue Energie, die dir zur Verfügung steht. Dann kehre langsam wieder zurück ins Hier und Jetzt. Fühle die Leichtigkeit, und genieße sie!

Affirmation

Stelle dich vor einen Spiegel. Atme tief, und sei dir bewusst, dass du immer beschützt und behütet bist. In dir ist eine große Macht und Weisheit.

Lege deine Hand auf dein Herz, und sprich dir in die Augen:

»Ich erkenne die Kraft in mir. Ich gehe weise und entschlossen mit meiner Schöpferkraft um. Mein Weg liegt klar vor mir, und jeder meiner Schritte wird vom Schutz der Engel begleitet.«

Das Kristall-Sternentor
von Venus und Mondstein

Die Botschaft

Geliebte Menschen! Es ist an der Zeit, dass ihr euch wieder der Kraft der weiblichen Liebe bewusst werdet. Meine Macht ist das Alpha und das Omega – der Anfang und das Ende. Mit meiner Energie werdet ihr alle Grenzen überwinden, denn ich bin das Weibliche dieser Welt. Aus meinem Schoß geboren, werdet ihr die Liebe erleben, und in meinen Schoß kehrt ihr als Körper zurück, um in der Liebe wiedergeboren zu werden. Erlebt euch als Weiblichkeit, als Gefühl, als Hingabe – ob Mann oder Frau. Alles ist in euch, doch im Körper einer Frau lebt eure Venus. Zeigt euch, strahlt und liebt, denn dies ist das Schönste, das ihr hier auf Erden erleben könnt.

Mit der Kraft des Mondsteins tankt euch auf – fließt mit eurem Gefühl und eurer Intuition, die gottgegebene Geschenke sind. Zeigt eure Schönheit, eure Anmut, und segnet die Menschen mit eurem Lächeln.

Empfangen durch Sonja Ariel von Staden im Juli 2008

Bedeutung

Die Venus ist der Inbegriff von Weiblichkeit. Sie ist ein Symbol für Schönheit, Lust und Liebe. Seit Jahrtausenden verbinden die Menschen die Kraft der Frau mit dem zweiten Planeten unseres Sonnensystems. Er ist unser Abendstern, der unser Firmament des Nachts als Erster erhellt und auch als Morgenstern in der Dämmerung sichtbar ist. Auf der ganzen Welt gibt es viele Mythen und Sagen um die Venus. Die Weiblichkeit ist in ihrer großen Liebesintensität eine respektvoll betrachtete Energie. Sie war einst auch Fruchtbarkeitsgöttin, Beschützerin der Natur und die Herrin der wilden Tiere.

Viele Geschichten erzählen von ihrer Sinnlichkeit, betörenden Schönheit und Verführungskraft. Wer sich mit Mythologie befasst, findet in den alten Sagen alle

Aspekte, die Licht und Schatten der Weiblichkeit präsentieren. Es ist spannend, wie groß ihre Verehrung war und wie Weiblichkeit nun in unserer modernen Welt betrachtet wird. Vieles hat sich verändert, seit im letzten Jahrhundert die Emanzipation die Frau mit dem Mann auf die gleiche Stufe gestellt hat. Vieles wurde gewonnen, vieles ging verloren.

Heute ist es die Aufgabe aller Menschen, mit Gefühl und Bewusstsein die Kräfte des Männlichen und Weiblichen neu zu definieren.

Venus und Mondstein möchten dabei helfen. Mit ihrer Energie verbinden sie die Botschaft, dass Weiblichkeit viele Seiten hat, die es wieder zu finden gilt. Sinnlichkeit möchte wieder einen Platz im Alltag haben. Hingabe wünscht sich starke Arme, die Halt, Geborgenheit und Sicherheit vermitteln. Mütterlichkeit ist mehr als das Gebären und Hüten von Kindern. Es gilt, den Respekt vor dem eigenen und dem ergänzenden Geschlecht zurückzubringen, achtsam auf das Weiche, Zarte und Sanfte zu schauen und das Wechselspiel des weiblichen Zyklus anzunehmen und willkommen zu heißen.

Der Mondstein unterstützt mit seiner kristallinen Energie die Weiblichkeit. Auch der Mond – vielmehr »die Mondin« – ist ein Synonym für die Frau in ihrer Wechselhaftigkeit und Wandlungsfähigkeit. Sein Zyklus hat einen starken Einfluss auf die Erde. Er bestimmt Ebbe und Flut und hat auch große Auswirkungen auf die Gefühle und Träume der Menschen.

Der sanft schimmernde Glanz des Mondsteins berührt tief im Herzen. Seine milchige, aprikosenfarbene bis sanft blaue Gestalt ist beinahe undurchsichtig und von hellen, weichen Schleiern durchzogen. Seine Energie kann Gefühle deutlich werden lassen und bei der Verarbeitung aufwühlender Erlebnisse unterstützen. Er kann Trost spenden, die Seele streicheln und die Zyklen des Lebens für beide Geschlechter entspannter erfahrbar machen.

In jedem Menschen wohnen weibliche und männliche Aspekte. Diese inneren Energien möchten in Balance sein und wahrgenommen werden. Sie sind die Kräfte der Dualität, die als Basis für viele unserer prägenden irdischen Erfahrungen dienen.

Für Frauen gilt es, zu entscheiden, welche weiblichen Energien und Attribute sie leben und zeigen möchten: Möchtest du als Frau leuchten und strahlen? Lässt du dich bewundern, oder möchtest du deine Schönheit verbergen? Nutzt du deine angeborene Intuition und genießt die Kraft deiner Gefühle? Möchtest du deinem Wunsch nach Geborgenheit nachkommen oder dir einen Platz in der obersten Hierarchie der Wirtschaft erobern? Kind oder Karriere? Oder beides? Es ist deine Entscheidung. Spüre hinter den Schleier deiner Erziehung und die Norm der Gesellschaft. Was willst du?

Männer sind dazu aufgefordert, die weiblichen Aspekte in ihrem Herzen anzuerkennen, besonders die Welt der Gefühle, denn wenn Gefühle wahrgenommen werden, sind sie eine große Hilfe, das Bewusstsein zu formen und zu entwickeln. Venus und Mondstein fragen dich, ob du den Schatz deiner Sinnlichkeit ergänzen möchtest. Du kannst viel gewinnen, wenn du neben deiner Männlichkeit auch erspüren kannst, was in deinem Gegenüber vorgeht. Du kannst Liebe auf eine völlig neue Weise erleben, wenn deine Gefühle Raum bekommen. Aus Schwäche wird Stärke, wenn du erkennst, wie wertvoll die weichen, emotionalen Anteile für dein Leben sind.

Venus und Mondstein unterstützen und ergänzen dein Leben um wichtige Aspekte. Entscheide aus der Tiefe deines Herzens, was du sein und leben willst. Denn es ist dein Recht, mit allem, was dich ausmacht, glücklich zu sein.

Weiblichkeit wahrnehmen
Eine Achtsamkeitsübung

Um zu erforschen, was Weiblichkeit für dich bedeutet, kannst du in den Raum deiner Seele eintauchen. Fühle in dich hinein. Wie definierst du das Weibliche in dir? Gibt es Gefühle, die befreit werden möchten? Wenn du eine Frau bist: Kannst du dich als Frau wirklich spüren? Wo sträubst du dich aufgrund deiner Erfahrungen? Was gibt es zu heilen und zu verstehen?

Lasse dir viel Zeit, und umhülle dich mit Liebe und Verständnis. Sei auf sanfte Weise ehrlich zu dir selbst, denn so kannst du dein Leben um wertvolle Gefühle bereichern.

Notiere in dein Lebensbuch, was Weiblichkeit für dich bedeutet. Schreibe auf, was du vermisst und gerne erfahren möchtest. Du bist Schöpfer und Schöpferin. Wenn du willst, kannst du alles erschaffen, was deinen Wünschen entspricht. Mit der Kraft der Weiblichkeit wird dein Bewusstsein noch klarer und weiter, denn deine Gefühle sind es, die Träume wahr werden lassen!

Affirmation

Da Weiblichkeit für Männer und Frauen eine unterschiedliche Bedeutung hat, schlage ich zwei unterschiedliche Verstärkungssprüche vor. Sprich sie vor einem Spiegel in deine Augen und in dein Herz:

Für Frauen:
»Ich liebe und respektiere meine Weiblichkeit. Ich genieße meine intensiven Gefühle und lenke sie behutsam und voller Glück zu meinem Besten. Meine Weiblichkeit darf leuchten und strahlen!«

Für Männer:
»Ich schätze meine weiblichen Aspekte. Meine Sinnlichkeit und meine Gefühle sind wichtige und wertvolle Teile meiner Persönlichkeit. Ich ehre sie und nehme sie an.«

Das Kristall-Sternentor
von Mars und Granat

Die Botschaft

Ich bin das Feuer, das ewig brennt. Ich bin der Kriegsherr, der ewig kämpft und immer gewinnt. Das Feuer des Lebens will in dir brennen – hoch und heilig. Du kannst mit der Kraft der Flamme dein Leben gestalten oder es verzehren. Am Ende dieses Lebens werde ich dich verbrennen, doch vorher lodere ich hoch in dir, wenn du es zulässt, denn ich bin das, was wahrhaftig lebt. Dein Menschsein braucht diesen starken Lebenswillen, damit du die Polarität mit einem Lachen hinnehmen kannst. Ich fordere, doch ich gebe auch. Du allein entscheidest, wie sehr du mein Feuer annehmen und leben willst. Nutze zur Unterstützung den Segen des Granates. Mit seinem Glanz kann dein Blut wieder zu fließen beginnen, denn liebevolle Erdenkraft nährt dich. In der Klarheit eines reinen Herzens wird Liebe geboren, die pure Leidenschaft zu Schöpferkraft werden lässt. Granat und Mars schenken Qualität und Quantität an Feuerenergie, die dich wachsen und gewinnen lässt – zu deinem Wohl und zum Wohl aller Seelen. Habe Vertrauen.

Empfangen durch Sonja Ariel von Staden im August 2008

Bedeutung

Der große Mars lädt dich dazu ein, bei seinem Thron Platz zu nehmen. Er ist der Herrscher, der Gebieter über ein reiches Arsenal an Energie.

Dem Planeten Mars, dem vierten unseres Sonnensystems, wurde im Altertum die Rolle des Kriegsgottes zugedacht. Die Griechen, die ihn Ares nannten, verbanden ihn mit männlicher Stärke. Noch heute gilt der Mars als kraftvoller Initiator, vor allem in der Astrologie, die ihn dem Element Feuer und dem Sonnenzeichen Widder zuordnet. Wenn Mars sich meldet, stehen die Zeichen auf Sturm. Das Archaisch-Männliche präsentiert sich in seiner ganzen Brillanz und Pracht. Mars und Granat sind Symbole für Dynamik, Mut und Ausdauer.

Das innere Feuer des Granats möchte deine Lebenskraft entfachen und dich dazu auffordern, dich in deiner ganzen Größe zu zeigen. Als Mann kannst du diese Aufforderung nutzen und deine Prinzipien und Prioritäten überprüfen. Lebst du deine Männlichkeit? Als Frau kannst du in dich hineinspüren, welche männlichen Anteile Freiraum benötigen oder bereits beanspruchen.

Die Energie des Mars ist umwälzend. Sie strebt Veränderung an wie das Feuer, das Altes verbrennt, um Neues entstehen zu lassen. Wenn sich in deinem Leben ein Buschbrand ankündigt, kannst du versuchen, vor ihm wegzulaufen – allerdings ist Feuer sehr schnell. Du kannst aber auch die Veränderung und den Wandel begrüßen, der Altes und Verbrauchtes transformiert, damit neue Kräfte erblühen können. Manchmal braucht es das Feuer der Veränderung, um Frieden zu schaffen.

Es gibt aber auch ruhige Töne in der Energie des Mars, zum Beispiel das sanfte Glimmen einer Glut, die den Raum wärmt. Hitze kann dazu genutzt werden, das Leben angenehmer zu gestalten. Feuer kann nähren und vor Kälte schützen.

Mars als Herrscher über die Flamme und die lebendige Kraft schenkt auch Leben. Er ist der Samen, der befruchtet. Er ist der Widder, der zu Beginn des Frühlings das neue Jahr begrüßt. Er ist die Sonne, die Wachstum fördert.

Wenn Mars und Granat dir ihre Unterstützung anbieten, kannst du mit großer Entschlossenheit handeln. Dies ist eine wichtige männliche Kraft. Sie trifft klare, feste Entscheidungen und folgt beharrlich ihrem Weg. Sie ist die Triebkraft, die Ziele anstrebt und Hindernisse erfolgreich beseitigt. Immer mit einem leuchtenden, siegesgewissen Lächeln auf den Lippen, machen Mars und Granat jedes Lebensabenteuer zu einem Hochgenuss!

Wenn du zaghaft bist und deinen Weg aus den Augen verloren hast, begib dich in die Obhut dieser machtvollen Energien. Wenn du Mut und Klarheit brauchst, um deine Vorstellungen umzusetzen, helfen sie gerne. Sie vermitteln dir, wie herrlich es ist, Beherrscher des eigenen Lebens und im Vollbesitz deiner Kraft zu sein!

Das eigene Feuer entfachen

Eine Visualisierungsübung

Nimm dir Zeit und finde einen Raum, der dir Ruhe schenkt. Mache es dir bequem. Spüre deinen Körper und atme tief in deinen Bauch. Dein Brustkorb hebt und senkt sich, du fühlst, wie du bei dir selbst ankommst.

Nun achte auf deine Gefühle, beobachte sie. Deine Gefühle haben einen Ursprung. Folge ihnen in dein inneres Zentrum. Dort gibt es einen Raum, in dem dein Lebensfeuer glüht, es ist direkt mit deinen Gefühlen verbunden.

Wie sieht die Flamme aus? Wie groß oder klein ist sie? Brennt sie hoch, oder glüht sie nur matt vor sich hin?

Tritt in Kontakt mit deiner inneren Flamme. Sie zeigt dir deutlich, was gerade in dir vorgeht. Wenn du das Gefühl hast, dass die Flamme kräftiger brennen müsste, damit deine Lebensfreude spürbar wird, kannst du Mars und Granat dazu einladen, dir zu helfen. Du kannst sie dir als Personen vorstellen, die mit großem Spaß die Essenz, die Glut deines Seelenfeuers anfachen. Sie erzählen dir, wie großartig das Leben ist, wenn du frei über dich selbst entscheiden kannst. Sie berichten von großen Taten, von Mut und Heldentum. So, wie es einst an den Feuern der Jäger Tradition war, wenn abends, nach einem Tag voller Abenteuer, Geschichten lebendig wurden.

Mars und Granat machen dir Mut. Sie geben dir Impulse und Ideen, wenn dein Geist offen ist. Sei bereit für die Kraft der Entscheidung, die nun durch deinen Körper fließt. Sei bereit für das Abenteuer Leben. Dein Feuer brennt nun hoch, und deine Energie kann wieder fließen.

Spüre deinen Körper, und bedanke dich bei ihm dafür, dass er deine geistigen Impulse in Tatkraft und Handlungen umsetzt. Sei stolz auf das, was du bereits erlebt hast, und freue dich auf das, was noch kommt.

Du kannst deine Erkenntnisse und Gefühle auch in deinem Lebensbuch nieder-schreiben. Es ist spannend, die Lebensflamme zu beobachten. Sie gibt wichtige Hinweise, wann es Zeit ist, neue Energie zu tanken und neue Entscheidungen zu treffen.

Affirmation

Da Mars und Granat besonders auf die männlichen Aspekte eines Menschen wirken, schlage ich zwei unterschiedliche Verstärkungssprüche vor. Sprich sie vor einem Spiegel in deine Augen und in dein Herz. Fühle die Kraft.

Für Männer:
»Ich bin vollkommen in meiner Kraft. Ich ehre meine Männlichkeit und er-freue mich an ihr. Ich begegne dem Leben mit Zuversicht, Mut und Klar-heit.«

Für Frauen:
»Ich bin mir meiner Energie bewusst. Ich erfreue mich am Leben und bin beschützt. Ich habe die Kraft, meine Ziele mit Entschlossenheit und Leich-tigkeit zu erreichen.«

Das Kristall-Sternentor
von Erzengel Sandalphon
und Goldberyll

Die Botschaft

Geliebte Seelen! In der Zeit des Wandels vergesst ihr Menschen manchmal, dass es das Schöne noch gibt. Dabei liegt es an euch, wohin ihr euren Blick schweifen lasst – das Schöne ist immer da. Die Sonne scheint in jedem Moment auf die Erde herab, doch manchmal versteckt sie sich hinter den Wolken. Diese Wolken sind eure Vermutung, dass ihr aufgeben sollt, was euch lieb und wertvoll ist. Das ist eine Illusion! Der größte Schatz ist die Liebe in euren Herzen, die für andere wie die Sonne sein kann. Lasst Sanftmut fließen. Zeigt euer Mitgefühl mit allem, was existiert. Geht sanft und verständnisvoll miteinander um, dann wird Licht, wie es noch nie zuvor geleuchtet hat, die Welt erhellen. Die Energien verändern sich permanent, halten alles in Bewegung und fordern so manche Prüfung von euch. Mit unserer Energie jedoch könnt ihr euch verbinden – wenn ihr wollt –, damit ihr die liebevollen und tröstenden Streicheleinheiten fühlen könnt, die ihr stets von uns erhaltet. Gebt euch dem Licht hin, der Schönheit, der Freiheit und der wärmenden Liebe eurer inneren Sonne. Vertraut darauf, dass ihr so wertvoll seid und diese himmlischen Geschenke annehmen könnt. Wir lieben euch über alles und möchten euch dabei helfen, diesen Weg ins Licht zu gehen – mit allen Mitteln, die euch guttun, mit Wärme, Liebe und Sanftmut.

Empfangen durch Sonja Ariel von Staden im November 2008

Bedeutung

Erzengel Sandalphon und das Leuchten der inneren Kraft des Goldberylls möchten dich an die Schönheit des Seins erinnern. Sie schenken dir göttliche Streicheleinheiten und himmlischen Frieden.

In allem steckt ein Hauch von Ewigkeit. Jenseits der Zeit existiert eine Kraft, die größer ist als alles, was wir uns vorstellen können. Mit einem Hauch dieser Kraft möchten dich Sandalphon und Goldberyll entzücken. Gemeinsam berühren sie deine tiefe Seelenquelle und schenken ihr neue, frische Energie. Spüre, wie sich die Sonnenstrahlen ihres Segens in dir ausbreiten. Dein Blick wird weicher, du kannst tiefer atmen und kommst langsam zur Ruhe. Das Tosen des Alltags weicht der Stille. Du bemerkst dich selbst wieder als Mittelpunkt deines Lebens.

Die Energien der Neuen Zeit richten alle Aufmerksamkeit auf ein befreites, starkes Bewusstsein. Als treue Wegbegleiter, ähnlich den Schutzengeln, helfen dir Erzengel Sandalphon und Goldberyll dabei, während der Zeit des Lernens Freude und Glück zu erfahren. Du weißt, dass es sich immer lohnt, treu zu dir selbst zu stehen. Du bist das Wertvollste, was du hast.

Du bist wie ein Edelstein, der zu Beginn des Lebens noch ein ungeschliffenes, nur sehr zart schimmerndes Steinchen ist. Mit jeder Erfahrung legst du mehr von deinem reinen, glänzenden Kern frei. Du erkennst dich in den Augen deiner Mitmenschen, spürst die vielen Möglichkeiten und Werkzeuge, die du in dieses Leben mitgebracht hast. Jeder klare Gedanke, jede bewusste Handlung ist eine neue Facette, die du mal sanft und mal mit mehr Nachdruck herausarbeitest. Mit jeder neuen Erkenntnis polierst du den Stein, bis er immer mehr zu dem wundervollen, brillanten Kristall wird, der du wahrhaftig bist.

Dies ist die Weisheit des Goldberylls. Seine honiggelbe innere Sonne verströmt ein Jubeln, das dich umarmen möchte und dir danken will für all die Gedanken, die Taten und Träume, die dich und damit auch deine Umwelt formen. Du schleifst dich selbst jeden Tag zu einem unendlich wertvollen Brillanten, der in allen Regenbogenfarben funkelt.

Nach einem Tag voll dichter, wichtiger Erfahrungen darfst du dich entspannen und zurückblicken. Erzengel Sandalphon legt zärtlich seine Flügel um dein Sein und zeigt dir die Schönheit, die in allem liegt, was du erschaffen hast. Die weiche Energie dieses großen Engels schenkt dir Dank für dein Wirken und belohnt dich mit Zufriedenheit und Zuversicht. Eine Nacht voller himmlischer Träume und tiefer Erholung empfängt dich, damit du Kraft schöpfen kannst für einen weiteren Tag, der zu deinem Wohle und zum Wohle aller neue Wunder bereithält.

Die innere Sonne leuchten lassen
Eine Visualisierungsübung

Diese Sonnenmeditation ist eine wunderbare Übung, um sich wieder ganz der lichtvollen Seite seines Lebens hingeben zu können.

Symbolisch steht die Kraft der Sonne für Selbstbewusstsein und freudige, schöpferische Energie. Im Sonnengeflecht, auch Solarplexus genannt, dem gelben Chakra, das in der Höhe des Magens liegt, treffen sich die Vitalitätsbahnen des Körpers. Dort ist das Zentrum deiner physischen Kraft und deines starken Optimismus.

Suche dir einen ruhigen Ort. Entspanne dich, und atme tief in deinen Bauch hinein. Lege eine Hand auf dein Sonnengeflecht, und fühle, wie sich dein Bauch beim Atmen hebt und senkt. Erzengel Sandalphon erscheint hinter dir und lässt seine Liebe und tiefen Frieden in deinen Körper strömen. Alle Zellen werden durchdrungen von klarer göttlicher Essenz und reiner Schönheit. Spüre, wie deine Zellen sich auffüllen.

Vor dir siehst du einen goldenen Kristall, der auf der Höhe deiner Körpermitte schwebt. In den Facetten des Goldberylls sammelt sich nun alle Energie der Sonne. Sie fließt gebündelt wie ein köstlicher Strom reinsten Glücks durch deinen Solarplexus und schwingt dann in leuchtenden Wellen durch dein Sein. Die Sonnenenergie vermischt sich mit der zärtlichen Erzengelenergie und bringt deine Zellen in einen Zustand reinster Freude. Alles in dir vibriert, füllt sich auf und verströmt sich wiederum vor lauter Glück.

Affirmation

Stelle dich vor einen Spiegel, betrachte dich in aller Ruhe und mit großem Wohlwollen.

Dann sprich diese Worte in deine Augen und dein Herz:

**»Ich stehe auf der Sonnenseite des Lebens. Ich bin eingehüllt von Licht und
genieße die Schönheit meines Seins.«**

Das Kristall-Sternentor
der klaren Kommunikation
und Coelestin

Botschaft

Geliebte Seelen! Im neuen Zeitalter gibt es ein wichtiges Instrument, das ihr für euren Aufstieg und eure Bewusstwerdung benötigt: Die klare Kommunikation im Frieden. Ihr seid es gewohnt, eure Gefühle zu verstecken. Dies führt zu vielen Missverständnissen. Ich helfe euch dabei, neue Wege zu gehen und eine neue Energie in die Welt zu bringen. Vertraut eurer Seele – sie weiß um die richtigen, ehrlichen Worte, die ihr braucht, um aus tiefstem Herzen wahr sprechen zu können. Spürt, was ihr sagt. Meint, was ihr sagt. Ehrlichkeit, in Liebe gesprochen, bricht jedes Eis und hilft euch und euren Mitmenschen dabei, mit Leichtigkeit und voller Lebensfreude zu existieren. Besonders für Kinder ist diese Offenheit und Klarheit wichtig. Sie spüren die Wahrheit. Wenn Erwachsene jedoch etwas für wahr erklären, was nicht wahr ist, wird ihre klare Wahrnehmung gestört. Für alle Seelen ist friedvolle, ehrliche Kommunikation von Herz zu Herz wichtig. Mit jedem klaren, liebevollen und ehrlichen Wort wächst euer Bewusstsein, und Frieden kehrt ein in euer Leben und die Welt. Ihr werdet mit großer Liebe auf eurem Weg unterstützt. Seid euch dessen sicher.

Empfangen durch Sonja Ariel von Staden im Januar 2009

Bedeutung

Im großen, weiten Universum, im Hier und Jetzt, um uns herum und weit jenseits von Raum und Zeit, findet Kommunikation statt. Alle Materie pulsiert, ist lebendig und kommuniziert auf deutliche Weise über ihre feinen Schwingungen. Glitzernde, feine Energiewellen berühren sich mit Licht und Liebe, erkennen und verstehen einander.

Auf unserer großen, weiten Erde ist der Austausch zwischen allen Lebewesen eine natürliche Fähigkeit und wichtige soziale Basis. Er durchdringt unsere Existenz, berührt unser Herz und sorgt für unsere Sicherheit und unser Wohlbefinden. Jede Seele verbindet sich mit den Seelen um sie herum mittels Kommunikation. Gedanken, Gesten, Bilder und Worte – alles dient dem großen Miteinander der göttlichen Energie.

Kommunikation findet auf vielen Ebenen und über alle Sinne statt. Du siehst mich, ich sehe dich. Du hörst mich, ich höre dich – doch ob wir uns verstehen, hängt selten von Worten, sondern vielmehr von unseren Herzen ab. Ob wir einander mögen, entscheiden unsere Augen, unsere Ohren, unsere feinen Nasen – auch Duft ist ein Kommunikationsmittel – und Gefühle.

Wie offen bist du für dein Gegenüber? Anhand welcher Kriterien entscheidest du, wie du mit jemandem sprichst? Die Menschen sortieren Erinnerungen und Meinungen, sie stecken sie in Schubladen, damit sie gegebenenfalls eine Situation schnell bewerten können. Das gibt ihnen eine gewisse Sicherheit im Leben.

Kannst du diese Kategorien beiseitelassen und mit offenem Herzen einem fremden Menschen begegnen? Immer wieder wirst du geprüft. Oft sind es die vermeintlich seltsamen, etwas schrägen Begegnungen, die besonders wichtig für deinen eigenen Lebensweg sind.

Jeder Mensch, der dir begegnet, hat eine Botschaft für dich und dient dir als Spiegel. Was bewunderst du in deinem Gegenüber, und was lehnst du ab?

Nutze den Spiegel der Welt, um dich selbst zu erkennen. Wie sind deine innere Überzeugung und dein Empfinden dir selbst gegenüber?

Die Wahrheit ist ein kostbares Gut. Sie ist ein besonderer Schatz, den es zu hüten gilt. Wahrheit und Ehrlichkeit sind die lebendige Basis für Frieden zwischen den Menschen. Sie sind die Hüter der Seelen und wachen liebevoll über sie.

Wenn du in Wahrheit sprichst und ehrlich deine Bedürfnisse und Gefühle äußerst, kann dein Gegenüber klar erkennen, was du brauchst. Wenn du mit Liebe sprichst, berühren deine Worte das Herz des anderen.

Klare Kommunikation ist ein Geben und Nehmen. Berührst du im anderen alte Wunden, kommt es zu Reaktionen der Abwehr. Doch auch dies ist Teil des menschlichen Miteinanders. Durch Mitgefühl und Verständnis kann aus jeder noch so verfahrenen Situation ein Augenblick der Heilung entstehen.

Berührst du liebevoll mit all deinem Sein und all deinen Sinnen das Herz eines anderen Menschen, bist du auf einem Weg der Weisheit und des göttlichen Bewusstseins. Du nimmst ihn oder sie in aller Schönheit wahr, kannst das Licht sehen, das jede Seele erfüllt, und kannst spüren, wie ihr euch am allerbesten austauschen könnt – frei und ehrlich.

Das Sternentor der Kommunikation hat sich mit dem Kristall Coelestin verbunden. Seine wasserblaue, durchscheinende Struktur zeigt, dass nur mit innerer Klarheit wahre Weisheit gelebt werden kann. Wenn du dir deiner selbst zutiefst bewusst bist, zeigst du dich den anderen als transparent. Du gestattest der Welt, dich in all deiner lichtvollen Essenz, aber auch mit deinen Schatten wahrzunehmen. Mit großer Selbstverständlichkeit und Gelassenheit kannst du dem anderen begegnen. In Frieden trefft ihr einander, und in Frieden geht ihr ein Stück des Weges miteinander. Coelestin harmonisiert die Kommunikation der Seelen, reinigt das Schwingungsfeld und löst Blockaden, damit freie Worte in Liebe fließen können. Innere Sicherheit, geboren aus der Gewissheit, dass du vollkommen und frei bist, gibt dir unendliche Kraft. Du kannst vertrauensvoll deinen ganz besondere Weg gehen – in Frieden.

Klare Worte
Eine kleine Übung

Um in Frieden und Harmonie mit anderen kommunizieren zu können, ist es zuerst wichtig, dass du dir selbst über dich klar wirst.

Nimm dir Zeit. Finde einen Raum, in dem du Ruhe hast, und nimm dein Lebensbuch zur Hand. Mache es dir richtig gemütlich, und spüre in dich hinein. Folge deinen Empfindungen, und notiere deinen Istzustand.

Wie fühlst du dich in diesem Augenblick? Fließt alles zu deiner Zufriedenheit? Wo gibt es im Augenblick Herausforderungen, an denen du wachsen und durch die du lernen kannst?

Dann schreibe auf, wie du dich gerne fühlen möchtest. Notiere, was du gerne ändern willst und finde heraus, wie du dies deiner Umwelt liebevoll mitteilen kannst. Veränderungen in dir führen Veränderungen im Außen herbei. Ob es mit deinem Beruf zu tun hat, mit deiner Partnerschaft oder deinem Wohlbefinden – alles lässt sich durch friedliche Kommunikation wieder in Einklang bringen.

Überlege und notiere, wie du selbst gerne in Bezug auf Veränderungen angesprochen werden möchtest. Kannst du ehrliche Kritik vertragen? Wie möchtest du von einem anderen Menschen wahrgenommen werden? Bist du dir selbst und deiner Umwelt gegenüber tolerant?

Je deutlicher dein Selbstbild ist und je mehr Liebe, Respekt und Klarheit du dir selbst gegenüber hast, desto besser sehen und verstehen dich deine Mitmenschen. Wenn du an diesem Punkt in Frieden mit dir selbst bist, kannst du ebenso friedlich, achtsam und deutlich ansprechen, was du gerne verändern möchtest. Es klingt dann plausibel, logisch und wird offen aufgenommen. Sprich klare Worte aus einem klaren, liebevollen Herzen, und deine Welt wird sich verändern.

Innere Klarheit

Eine Meditation

Nimm dir Zeit, und finde einen Raum, in dem du ganz für dich und in Ruhe sein kannst. Erschaffe dir eine schöne Atmosphäre, und mache es dir bequem. Nun bist nur noch du selbst wichtig. Dies ist ein heiliger Moment.

Atme tief in deinen Bauch. Spüre, wie du mit jedem Atemzug ruhiger und entspannter wirst. Stelle dir vor, dass du Liebe und Energie einatmest und mit jedem Ausatmen alle belastenden Gedanken und Gefühle hinausfließen lässt. Stelle dir vor, wie sie in die Erde sinken und dort gereinigt werden.

Langsam spürst du, wie in dir immer mehr Ruhe und Frieden entstehen. Der Raum in dir weitet und klärt sich. Stelle dir vor, du stehst inmitten deines Seelenkerns. Wie ein Palast aus reinem Kristall hütet er die Quelle deiner Seele. Dieser Palast ist vollkommen durchscheinend, schimmernd und wunderschön. Gleichzeitig ist er fest und zart, weitläufig und doch behütend. Im Palast deiner Seele befindet sich deine gesamte Essenz und all dein Wissen. Hier bist du zu Hause, hier findest du den Frieden und die Liebe, die du dir auf der Erde wünschst. Hier bist du ganz du selbst.

Überall schimmert dir von den Kristallwänden dein Ebenbild entgegen. In den klaren, dich spiegelnden Flächen erkennst du dich in all deinen Facetten. Hier zeigt sich dein Licht, und hier wird auch dein Schatten geliebt, den du auf der Erde hast. Nur auf der Erde existieren Licht und Schatten gemeinsam im Einklang und in Ausgewogenheit. Erkenne dich im Spiegel deiner Seele, und nimm deine eigene Klarheit wahr.

Fühle dich. Atme deine Essenz. Erkenne die Antworten auf deine Fragen. Lasse dich treiben in der Liebe der göttlichen Quelle, die in deinem Seelenpalast wohnt. Fülle dich auf mit aller Kraft und Reinheit, sammle die Energie. Du bist vollkommen angefüllt mit allem, was du auf Erden brauchst.

Dann lasse dich ganz sanft wieder in deinen Körper gleiten, nimm den Raum um dich herum wahr und atme tief. Du bist nun erfüllt von Klarheit und weißt genau, was in der nächsten Zeit zu tun ist. Du hast Kraft, um angemessen zu handeln, und kannst klar formulieren, was du brauchst und ändern möchtest. Liebe schwingt in dir und erfüllt dein ganzes Sein.

Affirmation

Stelle dich vor einen Spiegel, und sprich dir tief in deine Augen und dein Herz:

»Ich bin mir im Klaren darüber, was ich will, und spreche in Liebe alles an, was mir auf dem Herzen liegt. Ich fühle Frieden, Liebe und Harmonie in mir.«

Sprich aus dem Herzen, und du sprichst wahr.

Das Kristall-Sternentor von Erzengel Raphael und Malachit

Die Botschaft

Du bist gesegnet mit einer göttlichen Gabe, geliebte Seele. Du bist gesegnet mit einem Körper, dessen Weisheit und Großartigkeit unbegrenzt sind. Die Weisheit steckt in jeder Zelle, fließt und atmet den Klang des göttlichen Herzens, das auch in dir schlägt. Du bist Mensch geworden, um auf dem Planeten Erde Erfahrungen zu sammeln. Jeder Gedanke, jedes Wort und jede Tat erzeugen machtvolle Energie, die dein Leben lenkt. Je bewusster du dies wahrnimmst, desto freier und leichter fließt dein Leben.

Jede Herausforderung kannst du annehmen als Probe deiner Kräfte. Du spürst, wie gut du dein Licht und deinen Schatten integriert hast. Dein Schatten gehört ebenso zu dir wie dein Licht. Wenn du dies akzeptierst, bist du frei!

Umarme jede Botschaft deines Körpers, und küsse sie. Sei glücklich, wenn dein Körper dir zeigt, in welchem Bereich du noch wachsen kannst. Nimm dir Zeit für dich. Vielleicht hast du dich eine Weile aus den Augen verloren und deine Bedürfnisse überhört, damit du in der Gesellschaft gut funktionierst, damit du geliebt wirst. Wenn dein Körper zu weinen beginnt, dann nimm dir Zeit, und gehe in den liebevollen Rückzug. Schaffe dir einen Raum, in dem du mit dir allein sein und deiner Seele lauschen kannst. Deine Seele möchte neue, glücklichere Erfahrungen machen – und sie weiß den Weg!

Lausche dem Klang deiner Zellen, folge ihrem Rhythmus, und gib ihnen die Freiheit, Neues zu erfahren. Liebe dich mit allem, was du bist, und entscheide neu, welchen Weg du gehen willst. Du kannst alles sein und alles erfahren, was du willst. Deine Seele ist weise, dein Körper ist weise – und die menschlichen Erfahrungen haben dich zu dem gemacht, was du bist. Sei dankbar für alles, was du erfahren hast, erfährst und noch erfahren wirst. Mit dieser Dankbarkeit und Gelassenheit bist du in der Lage, aus der Endlosschleife jeder Erfahrung auszusteigen und neue Wege zu gehen. Wenn du die Botschaften hörst, die dein Körper dir vermittelt, kannst du wachsen.

Wir sind immer bei dir, um dir auf diesem Wege zur Seite zu stehen. Unsere Tiefe ist die Liebe, denn nur die Liebe heilt das Menschliche und lässt dich das Göttliche fühlen, sie fließt in jeder Zelle des Bewusstseins. Öffne dich dem Göttlichen, dem Licht und der Liebe, atme die Weisheit deiner Seele, und befreie dich von der Illusion, die dich umgibt. Erschaffe dir das, was du wirklich willst und brauchst – in Freiheit und im Glück. Du kannst glücklich und gesund sein, jederzeit.

Empfangen durch Sonja Ariel von Staden im Februar 2009

Bedeutung

Erzengel Raphael ist der Inbegriff von Heilung. Sein Name bedeutet »Gott heilt«. Er ist der Wegbegleiter, er gibt den Menschen Ideen und Impulse, damit sie den Herausforderungen des Lebens begegnen können. Sich ihm anzuvertrauen, kann nur belohnt werden. Seine grüne Flamme leuchtet in einem goldenen Tempel. Dorthin lädt er alle ein, die sich selbst finden wollen. In seinen heiligen Hallen bietet er dir Geborgenheit, Schutz und Trost. Seine Energie hüllt dein Herz in Liebe und Frieden. Sie gibt dir tiefe, nährende Kraft für deinen Körper und Sanftmut für deinen Geist. Deine Seele findet wieder bewussten Kontakt zu Körper und Geist. So entsteht ein neues Gleichgewicht, das Heilung auf allen Ebenen bringt.

Wenn du dich Erzengel Raphael anvertraust, kannst du ihm alles erzählen, was dich bewegt. Er ist der beste Zuhörer, und er kann dir wunderbare Ideen geben, wie es in deinem Leben weitergehen soll. Mal lauscht er ernst und ruhig, mal freut er sich lachend mit dir und nimmt dich liebevoll in seine starken Arme.

Öffne dein Herz. Zeige ihm die Wahrheit in dir, damit er deine blinden Flecken erleuchten kann. Er hilft dir, die Antworten in dir zu finden, nach denen du schon so lange suchst. Du hast alle Weisheit in dir, doch manches kannst du noch nicht erkennen. Hier steht dir Raphael sehr gerne bei. Er hilft dir dabei, Entscheidungen zu deinem Besten zu treffen.

Der Kristall Malachit unterstützt ebenfalls auf wundervolle Weise deine Herzkraft und somit die klare Entscheidung für deinen Seelenplan. Seine Vielfarbigkeit – er vereint alle schillernden Grüntöne von einem weißlichen Grün bis zu annäherndem Schwarz – zeigt dein Licht und deinen Schatten, den du im Herzen trägst. Malachit findet das Gleichgewicht in deinem Herzen, denn der Weg der Mitte ist der entspannte, freie Weg zum Ziel. Der grüne Kristall öffnet sanft dein Verständnis für deine Stärken und Schwächen.

Du kannst erkennen, dass du ein vollkommenes Wesen bist, das sich dazu entschieden hat, alle Perfektion in sich zu erkennen. Der Start in dein Leben war der Beginn einer langen Reise. Mit jedem Schritt hast du dich besser kennengelernt.

Heute möchten dir Erzengel Raphael und Malachit zeigen, dass dein Weg richtig und wichtig war, und heute kannst du mit ihrer Hilfe neue Lösungen und Ideen finden. Sie repräsentieren die Herzenskraft in Aktion.

Kraft, Heilung und Trost finden
Eine Visualisierungsübung

Nimm dir Zeit. Finde einen Raum, in dem du es dir bequem machen kannst und Ruhe hast. Schließe deine Augen, und mache eine kleine Reise.

Stelle dir vor, du befindest dich in einem wundervollen Wald. Die Bäume sind groß und stark, Sonnenlicht berührt die Zweige wie goldene Finger und lässt die Blätter sattgrün leuchten. Es duftet nach Erde, Laub und zarten Waldblumen, die am Boden verteilt sind wie helle Sterne. Du hörst die Vögel zwitschern und erfreust dich an ihren schönen Liedern. Der Wald ist erfüllt von Heiterkeit, Frieden und tiefer Kraft.

Vor dir öffnet sich eine Lichtung. Die Sonne bescheint einen goldenen Tempel, der prachtvoll funkelt und strahlt. Die Säulen des Tempels sind mit grünen Malachiten in allen Tönen verziert, und am Boden des Eingangstores ist ein Herzmosaik aus den glänzenden Kristallen eingelassen.

Im Tor des Tempels steht Erzengel Raphael und fordert dich dazu auf, ihn ins Innere zu begleiten. Er begrüßt dich voller Freude und ist glücklich über deinen Besuch. Er zeigt dir wunderschöne Räume, die zum Ausruhen einladen. Alles ist durchflutet von schillerndem Licht. Deine Seele ist glücklich, und dein Geist kann sich entspannen. Mit jedem Moment im Tempel der Heilung fühlt sich dein Körper stärker und geschmeidiger an.

Raphael führt dich ins Zentrum des Tempels. Dort befindet sich ein großes Becken, das ganz aus Malachit besteht. In dem Becken schimmert eine goldene Flüssigkeit. Weitere Engel stehen um das Becken herum und heißen dich willkommen. Es sind Engel des Trostes und der Geborgenheit.

Erzengel Raphael sagt dir, dass du gerne in dem Malachitbecken baden darfst. Die Flüssigkeit ist reine Heilungsenergie. Sie steht dir zur Verfügung so lange du willst. Lege dich in das Becken, wenn du magst, das goldene Wasser ist angenehm warm und umhüllt dich zart wie Seide.

Spüre, wie die Energie der Heilung dich umhüllt und durch die Poren deiner Haut weich in deinen Körper fließt. Sie erreicht jede Zelle, die in ihren ursprünglichen, gesunden Zustand zurückkehren möchte. Spüre, wie neue Kraft dich durchströmt. Sie ist ein großartiges Geschenk von Raphael und Malachit.

Die Engel, die um das Becken herumstehen, beginnen leise zu singen. Die himmlischen Töne lassen das goldene Wasser vibrieren und helfen auf ihre Weise dabei, dich dem göttlichen Geschenk zu öffnen. Sie berühren dein Herz und schenken dir Trost und Zuversicht.

Bleibe so lange im Becken liegen, wie du möchtest. Fülle dich auf, bis du satt bist. Im Tempel von Erzengel Raphael und Malachit kannst du jederzeit Kraft, Heilung und Ruhe finden. Kehre zurück, so oft du möchtest. Bedanke dich beim Abschied bei allen Engeln. Sie freuen sich, wenn ihr Wirken von dir respektiert und als Geschenk empfangen wird.

Affirmation

Eine 30-Tage-Übung

Stelle dich vor einen Spiegel. Fühle deinen Körper und stelle dir vor, wie heilsame Energie durch deine Adern fließt. Sei bereit, Heilung und Liebe zuzulassen.

Dann sprich dir in die Augen und dein Herz:

»Mein Körper, mein Geist und meine Seele sind im Einklang. Ich fühle mich selbst, liebe mich selbst und bin glücklich, auf dieser Erde zu sein. Heilung fließt durch meinen Körper und mein Herz. Ich bin heil.«

Diese Affirmation ist ein liebevoller Appell an dein Unterbewusstsein, von den alten Glaubenssätzen abzulassen und dich neu auszurichten auf ein kraftvolles, gesundes Leben. Je öfter du diese Worte zu dir selbst sprichst, desto besser kann sich ihre Wirkung entfalten. Du allein bestimmst, gesund zu sein. Du kannst dir dabei helfen lassen, doch die Entscheidung triffst du in deinem Herzen. Wenn du die Affirmation 30 Tage lang jeden Morgen und jeden Abend sprichst, kann sich in deinem Inneren ein neues Verständnis für den Selbstheilungsprozess entwickeln. Vertraue der Weisheit in dir und gib dich deiner eigenen großen Schöpferkraft hin. Heilung ist immer ein Wunder, das du selbst geschehen lässt!

Das Sternentor der Gegensätze und des Ausgleichs

Die Energie des Friedens mit der Polarität

Die Botschaft

Geliebte Seelen! Auf eurer Erde gibt es alles – in Hülle und Fülle! Ihr habt euch entschieden, mit den Elementen und ihren Gegensätzen zu spielen. Das war einst euer Plan. Erinnert euch an eure Lust auf dieses Leben. Erinnert euch, wie sehr ihr euch gewünscht habt, das Spiel des Lebens zu spielen.

Es sind die Gegensätze, die ihr in allem spürt, was euch umgibt. Alles ist in ständigem Wandel, weil es nach einem Ausgleich sucht. Die Natur, die Elemente und auch ihr. Die Ungewissheit fordert euch und lässt euch gleichzeitig über euch selbst hinauswachsen. Schließt Frieden mit euch selbst, und schon hört ihr auf, alles um euch herum zu bewerten. Die Gegensätze müssen existieren. Dank dieser Gegensätze könnt ihr eure Erfahrungen sammeln. Lauscht in euer Herz und findet euren individuellen Weg des Ausgleichs. Jede Seele hat ihren Erdenplan und alle Werkzeuge, die sie braucht, um ihren Weg zu gehen. In deinem Herzen sind alle Antworten schon da – und die Stille bringt dir Kraft für den Ausgleich. Wenn du in deiner Mitte angekommen bist, findest du den Frieden mit allem, was in der Welt der Polarität existiert. Und es existiert NUR FÜR DICH!

Empfangen durch Sonja Ariel von Staden im Mai 2009

Bedeutung

Alles um dich herum ist von Gegensätzen durchdrungen. Für dieses Leben hast du einen Platz gewählt, dessen Existenz ein Wunder an Vielfalt ist. Diese Vielfalt ist nur möglich, weil auf der Erde das Gesetz der Dualität die Basis allen Lebens ist – Licht und Schatten, Mann und Frau, heiß und kalt, nass und trocken, Tag und Nacht.

Zwischen diesen Polen lebst du, irdisch zwischen Nord- und Südpol, seelisch zwischen Licht und Schatten. Was für ein herrliches Spannungsfeld, was für ein Paradies an Möglichkeiten! Es ist für dich und alle neugierigen Seelen erschaffen, damit aus purer Theorie des perfekten Seins endlich Praxis werden kann. Das Wissen um Liebe, Freude, Glück und Abenteuer allein reicht nicht aus – das Erleben lässt dich erst wirklich fühlen. Deine Seele möchte mit ihren irdischen Sinnen alle Möglichkeiten erfahren.

Zwischen den Gegensätzen hast du dich seit deiner Geburt bewegt, durch Vater und Mutter bist du auf diese Erde gekommen. Die Menschen um dich herum haben dir ihre Erfahrungen der Dualität erklärt und dich innerhalb der Dualität erzogen. Du hast als Kind die vielen Extreme kennengelernt und selbst Erfahrungen gesammelt.

Nun liest du diese Zeilen, und in dir entstehen Bilder, Gefühle und Erinnerungen an die Vergangenheit deines persönlichen Erlebens. Erinnerst du dich auch an all die Entscheidungen, die du getroffen hast? Spürst du ihn, deinen freien Willen? Dualität und Polarität sind große Lehrmeisterinnen. Sie laden dich dazu ein, dein Bewusstsein zu formen und zu erweitern, indem du dich entscheidest.

Du hast die Wahl. Möchtest du in der Sonne die Wärme genießen, oder ziehst du den kühleren Schatten vor? Möchtest du im Winter in einem T-Shirt spazieren gehen, oder wählst du einen kuscheligen Daunenmantel? Manche Entscheidungen triffst du bewusst, andere instinktiv, wie von selbst, aufgrund der Erfahrungen, die du gemacht hast. Je bewusster du entscheidest, desto stärker nutzt du deinen freien Willen. Du hast die Verantwortung für dein Leben, dein Glück und deine Freude – in jedem Moment.

Du bist durchflutet von Gegensätzen, zwischen denen du tagtäglich deine Wahl treffen kannst. Genau das hat sich deine Seele einst gewünscht, dieses Spannungsfeld, das es in der Einheit, in der du gewesen warst, bevor du gezeugt wurdest, nicht gab. Im Einssein existiert ein Zustand von Liebe und allumfassendem Bewusstsein. Dort gibt es keine Zeit, sondern nur Ewigkeit.

Hier auf der Erde macht deine Seele viele neue Erfahrungen. Mit dem sehr speziellen Bauplan deiner Zellen und deinem inneren Erlebnis-Wunschzettel bringst du ein ganz bestimmtes Potenzial mit, das auf die Gesetze der Erde reagiert – und das Leben reagiert auf deine Anwesenheit. Jeder Mensch sorgt zugleich für Spannung und für Ausgleich. Jeder Mensch ist eine eigene Nuance der Farbpalette der irdischen Schöpfung, einzigartig und wichtig für alles, was sich hier befindet.

Vergiss nicht: Hier auf der Erde bist du Schöpfer. So bist du geboren. Vielleicht hast du selbst schon Kinder auf diese duale Welt gebracht, die ebenfalls Schöpfer sind. Jeder von uns kreiert seine eigene, farbenprächtige Erfahrungswelt.

Dein Bewusstsein folgt bestimmten Spielregeln, die sich manchmal starr anfühlen, aber doch veränderbar sind. Dieses Wissen allein kann deinem Leben schon eine völlig neue Dimension geben. Wenn du dann noch erkennst, dass viele Extreme, mit denen du lebst, allein auf deinen Bewertungen und Vergleichen beruhen, kannst du neu entscheiden. Viele Gegensätze existieren nur, weil Menschen eine Vorstellung von Moral haben. Jeder bewertet Gut und Böse, Positiv und Negativ anders, je nachdem, welche Erfahrungen er gemacht hat.

Erinnere dich – eines bestätigt sich immer wieder: Je weniger du bewertest, desto mehr Frieden spürst du, weil sich dein Fokus von außen nach innen bewegt. Du nimmst dich selbst bewusster wahr und kannst aus tiefem Frieden und Respekt heraus andere so sein lassen, wie sie sind.

Wenn also alles eine Frage des Blickwinkels und der bewussten Entscheidungen ist, kannst du jetzt – in diesem Moment – neu wählen.

Was also möchtest du im Leben erfahren? Was kennst du gut, und was möchtest du noch kennenlernen?

Die Welt steht dir offen. Wenn ein Mensch zum Beispiel vom Tellerwäscher zum Millionär werden kann, kann dies jeder Mensch erreichen. Es sind der Wille und die Kreativität, mit diesem Leben voller Lust und Freude zu spielen, neue Wege zu gehen und innerhalb einer individuellen Moral eigene Regeln zu gestalten.

Wenn du deine inneren Werte betrachtest und endlich dein ganzes Potenzial ins Spiel bringst, kannst du alles erreichen, was du dir vorstellen kannst – und vermutlich gibt es noch einige Wunder, die auf dich warten.

Kraft für neue Entscheidungen
Die Wunschzettelübung

Wenn du ganz allein über dein Leben entscheidest und die volle Verantwortung für dein Wohlergehen übernimmst, kann sich alles verändern. Es liegt an dir, dies auch wirklich zu wollen und aus Gedanken und Worten Taten werden zu lassen. Lausche jetzt achtsam und aufmerksam in dich hinein.

Nimm dein Lebensbuch zur Hand, und stelle dir folgende Fragen: Welchen Lebensbereich möchte ich im Moment gerne verändern? Warum möchte ich Veränderung? Wie fühlt sich mein Leben an, wenn die Veränderung eingetreten ist?

Es sind nur drei Fragen, die einfach zu beantworten sind, wenn du wirklich ehrlich zu dir bist. Gestatte dir, kreativ zu sein und dein Leben auf dem Papier so lange neu zu gestalten, bis es sich rundum gut anfühlt.

Mit den Antworten hast du einen Plan vor dir. Er kann deinem Leben neuen Schwung geben und dich auf neue Fährten führen.

Deine Gefühle bestimmen, was real wird. Lasse deine Wünsche lebendig werden, dann kannst du neue Entscheidungen mit Leichtigkeit und voller Kraft und Klarheit treffen.

Affirmation

Spüre dich selbst in deiner ganzen Kraft. Du lebst, weil du allein es so willst. Du bist voller Energie, die du zu deinem Besten einsetzen kannst.

Sprich in deine Augen und dein Herz:

»Ich wähle jeden Tag, was mir guttut. Ich sorge gut für mich und gestalte mein Leben nach meinen Wünschen.«

Du kannst dich entscheiden. Das Leben kann ein Paradies und ein Schlaraffenland der Möglichkeiten sein, wenn du dir erlaubst, es so zu sehen. Du hast jederzeit die freie Wahl.

Das Sternentor des Mitgefühls

Die Botschaft

Fühle: »Voller Mitgefühl und Liebe sind mein Herz und mein Geist. Ich spüre, was die Welt bewegt, und es bewegt mich. Ich bin eins mit allem und teile alles.« In diesem Frieden, diesem inneren Lauschen liegt das Geheimnis des Friedens auf Erden. Denn wenn du fühlst, was alle und alles fühlen, bist du voller Verständnis und Klarheit, was die Botschaft deiner Seele betrifft. Deine Seele will eins sein mit der Quelle und ist zugleich die Quelle. Dein Mitgefühl und deine Liebe sind es, die dich tragen, die dich vorwärtsbringen und gleichzeitig stillhalten. Im Innehalten liegt die Kraft, die das Mitgefühl verstärkt. Bist du still, fühlst du besser, was sich in den Seelen und den Herzen bewegt.

Fühlst du das Mitfühlen in dir? Dort beginnt, und dort endet es. Mitgefühl mit allem beinhaltet auch Mitgefühl für dich. Fühle es. Fühle dich, dein Bestreben, deine Liebe und deine Träume. Fühle alles, was dich ausmacht, und dehne es aus, du bist grenzenlos. Mitgefühl ist ein grenzenloses Gefühl, wie die Liebe. Mitgefühl ist der Wunsch nach Frieden für die Seelen, für die Kraft, die alles bewegt. Im inneren Kern ist Mitgefühl der wesentliche Antrieb der Schöpfung. Lausche, was du wirklich willst, und vertraue, dass jede andere Seele lauscht. Fühle dich selbst, und vertraue, dass jede andere Seele sich fühlen kann. Wer sich fühlt, setzt die rechten Schritte. Vertraue. Lasse los. Liebe. Dann bist du frei.

Empfangen durch Sonja Ariel von Staden im Mai 2009

Bedeutung

Mitgefühl ist eng verbunden mit Liebe. Durch das Empfinden von Mitgefühl existieren Gerechtigkeit und Frieden in der Welt. Hand in Hand gehen Liebe und Mitgefühl durch die menschliche Geschichte, und sie haben diese Geschichte schon oft verändert. Dank ihrer konnte aus schier unüberwindbarem Zwist wieder ein Miteinander werden.

Mit unserem wachsenden Bewusstsein breitet sich immer mehr Frieden auf diesem schönen Planeten aus. Der wahre Sprung in eine neue Dimension ist vor allem mit diesem einzigartigen, bewussten Gefühl verbunden.

Mitgefühl beginnt bei dem Gefühl zu dir selbst. Wenn du dein Herz spürst, spürst du deinen pulsierenden Schwingungsmittelpunkt. Von hier aus bist du mit allem verbunden, was existiert. Im Herzen fühlst du Liebe. Wenn du sie für dich selbst fühlen kannst, kannst du sie auch auf die Welt ausdehnen. Alles ist göttliche Schöpfung. In allem steckt der leuchtende Funke lebendiger Göttlichkeit. Alles hat Mitgefühl verdient – und Liebe.

Wahres Mitgefühl entsteht aus tiefem »Selbst-bewusst-Sein«. Wenn du dich selbst reflektierst und wahrnimmst, ist das ein Quantensprung in deiner Entwicklung. Es heilt deine Wunden und lässt frische Energie durch deinen Körper strömen. Du siehst die Welt mit anderen Augen: mit den Augen deiner göttlichen Seele. Du kannst fühlen, wie du eins bist mit allem, was existiert. Daraus entstehen wirkliches Fühlen und Mitgefühl.

Selbstbewusstsein, Liebe und Mitgefühl machen aus dir einen Menschen der Neuen Zeit.

Manche Menschen verwechseln Mitgefühl und Mitleid. Doch Mitleid lässt dich, wie das Wort schon sagt, mit anderen mitleiden. Diese Energie bietet dem anderen zwar kurzfristig einen gewissen Trost, doch auf Dauer liegt darin keine Lösung. Der Energieaufwand deinerseits ist immens, verpufft jedoch nahezu wirkungslos. Wenn du das erkennst, kannst du viel gewinnen.

Deine Energie ist kostbar. Sie ist dein Lebenselixier. Du kannst sie verschenken, achte aber darauf, dass du selbst immer ausreichend für dich behältst, damit du kraftvoll und glücklich leben kannst.

Mitgefühl ist die bessere Alternative. Du fühlst zwar mit der Person mit, bist jedoch klarer und bewusster als beim Mitleiden. Du bist in deiner Liebe und kannst sie auf den anderen ausdehnen. Sie schenkt deinem Gegenüber wundervolle

Energie, die es als Geschenk annehmen kann. Aus dieser Position heraus kannst du wirklich aktiv helfen, aber auch deutlich die Grenze erkennen, bis zu der deine Unterstützung gehen darf. Manchmal möchten Menschen einfach nur in deiner Energie sein, weil sie selbst alles verbraucht haben. Sie möchten ihre Situation belassen, wie sie ist, auch wenn sie sich darüber beschweren.

Dies gilt es zu verstehen und zu akzeptieren. Dann darfst du sie mit tiefem Mitgefühl so sein lassen, wie sie es für sich entschieden haben, und du kannst dich friedlich und entspannt zurückziehen.

Je mehr Mitgefühl sich auf unserem wundervollen Planeten ausdehnt, desto angenehmer und leichter wird der Übergang in eine neue Form der Zivilisation. Es ist die Basis für eine Kultur, die ganz bewusst ihre Schöpferkraft erkennt und aus Liebe handelt. Ein einzigartiges Zeitalter steht uns bevor, und du entscheidest mit, wie du dich darin fühlen möchtest.

Selbstbewusstsein stärken und Mitgefühl spüren

Eine 30-Tage-Übung

Erkenne dich als das, was du bist: ein einzigartiger Mensch mit einem irdischen, wunderbaren Körper, einem wachen Geist und einer unsterblichen, göttlichen Seele. Für dich persönlich bist du hier und jetzt der Mittelpunkt deines Universums, der wichtigste Mensch. Du hast für dich allein die volle Verantwortung. Du kannst auch für eine gewisse Zeit Verantwortung für andere Menschen, zum Beispiel für deine Kinder, übernehmen. Doch alles beginnt und endet bei dir. Fühle das. Spüre dich mit diesem Wissen. Es ist wichtig, dass du dich dazu entscheidest, ganz bewusst zu leben. Damit öffnest du die Schatztruhe aller positiven Gefühle, die für dich bereitliegen. Es steht dir zu, wirklich glücklich zu sein und wahrhaftig geliebt zu werden.

Wenn es dir gut geht, kannst du dafür sorgen, dass es auch anderen Menschen gut geht. Auf diese Weise, wenn du wohltuend zu dir selbst bist, hast du immer gute Laune und Energie für die Unterstützung anderer. Fühle in dich hinein. Wie ist es um deinen Energiehaushalt bestellt?

Nimm dein Lebensbuch zur Hand, und notiere dir an 30 Abenden ganz bewusst, wie viel Energie du während des Tages für dich zur Verfügung hattest. Bist du satt, oder brauchst du mehr? Wenn du mehr brauchst, lasse dich unterstützen (in den Kapiteln »Das Kristall-Sternentor von Mars und Granat« und »Das Kristall-Sternentor von Erzengel Sandalphon und Goldberyll« kannst du mehr darüber lesen). Achtest du auf deine körperlichen und geistigen Grenzen? Fühlst du die Liebe in dir? Was fühlst du in Bezug auf deine Träume und Wünsche?

Mit diesen wenigen Fragen, die du gerne erweitern kannst, begibst du dich auf die Spur deines Selbst. Du lernst dich abzugrenzen und kannst dich gleichzeitig für Neues öffnen. Wenn du die Liebe in dir fühlst, lernst du, zu unterscheiden, wohin deine Energie sinnvoll fließen kann. Mitgefühl ist ein ehrenwertes, sanftes und zartes Gefühl.

Affirmation

Stelle dich vor einen Spiegel, und sprich in deine Augen und in dein Herz:

»Voller Mitgefühl und Liebe sind mein Herz und mein Geist. Ich spüre, was die Welt bewegt, und es bewegt mich. Ich bin eins mit allem und teile alles.«

In diesem Einssein liegt das Geheimnis des Friedens auf Erden. Denn wenn du fühlst, was alle fühlen, bist du voller Verständnis und Vergebung. Deine Seele will eins sein mit der Quelle und ist zugleich die Quelle. Dein Mitgefühl und deine Liebe sind es, die der Welt Licht und Frieden bringen.

Das Sternentor
des Neubeginns
Die Energie des Frühlings

Die Botschaft

Geliebte Seelen! Jeder Neuanfang in eurem Leben ist wichtig, und in jeder Sekunde gibt es einen Neuanfang. Aufeinander folgen die Momente, in denen alles neu beginnt, in denen euer Universum sich verändert. Ob Tag oder Nacht, der Wechsel der Jahreszeiten oder einfach der Zyklus eures sich ständig erneuernden Körpers – alles findet permanent seinen Neuanfang. Und in jedem neuen Anfang steckt die Chance, dass ihr euch entwickelt, euch neu entscheidet und neu entfaltet. Jeder Atemzug ist die Entscheidung FÜR das Leben, und dieses Leben ist reich an Veränderung. Es birgt eine Fülle von Energie, um euch jeden Moment einen Neuanfang zu ermöglichen. Greift zu – greift in die Fülle des blühenden, wachsenden Frühlings. Seht die üppige Pracht der Welt selbst im trockenen Sand, im sprudelnden Fluss und in euch selbst. Überall ist Energie, die ihr für euer Wachstum nutzen könnt. Beginnt wie der Frühling mit dem keimenden Gedanken, der Idee, dem Wunsch – und lasst alles zu etwas Neuem werden, damit ihr euer Leben so gestalten könnt, wie es am besten zu euch passt. Nehmt Abschied vom Alten, und begrüßt das Neue. Dann seid ihr im goldenen Fluss des Lebens angekommen und könnt den Sonnenschein auf der Erde genießen. Möge alles um euch und in euch erblühen und euch mit Glück erfüllen!

Empfangen durch Sonja Ariel von Staden im Mai 2009

Bedeutung

In jedem Neubeginn liegt ein Zauber, liegt Magie. Jeder Neuanfang ist wie ein Samenkorn, das in warmer Erde keimt, wie eine zarte Knospe, die im Frühling erblüht. Wenn du neu beginnst, blüht auch in dir etwas Neues auf, das zuvor noch verborgen war. Du kannst neu entscheiden, wohin dein Weg dich führt. Manchmal wählst du selbst ganz bewusst den frischen Start, und manchmal möchte deine Seele dich auf einen anderen Weg bringen, der eher deinem Lebensplan entspricht.

Die Welt steht dir offen! Jetzt ist eine gute Gelegenheit für dich, zu fühlen, was du wirklich erschaffen möchtest, denn vor dir liegt ein neues Kapitel deines Lebens. Wie auf einem schneeweißen Blatt Papier kannst du neue Abenteuer malen. Dazu kannst du aus einer großen Fülle von Farben und Gefühlen wählen.

Male dir deine Zukunft aus. Lasse sie leuchten wie die wunderschönen Blumenknospen im jungen Frühling, wie die ersten märzgrünen Blätter, wenn der Winter weicht und die Sonne mit wärmenden Lichtfingern über die Wälder streichelt.

Es ist dein Frühling! Es ist dein Neubeginn! Jeden Tag kannst du auf diese Weise begrüßen. Jeden Tag kannst du ein neues Blatt deines Lebens mit inspirierenden Ideen füllen und zusammen mit deiner Seele originelle Pläne schmieden.

Im Hier und Jetzt kann jeder Neuanfang Kraft erhalten – durch deinen Wunsch, das Leben zu genießen, durch eine innere Haltung von Klarheit und Gewissheit, dass du allein das Samenkorn säst und es mit allem versorgst, was es braucht, um groß und stark zu werden. Wie eine Blume oder einen Baum pflanzt du eine neue Idee, und du begießt sie mit Liebe und Wohlwollen. Du streichelst sie, schenkst ihr Herzenswärme und das Licht deiner Zuversicht.

In jedem Neubeginn liegt Hoffnung. Du kannst dich selbst noch besser kennenlernen, kannst mit noch mehr Energie dein geliebtes Ziel ansteuern. Du kannst alles erreichen, wenn du an dich selbst und deinen Lebensplan glaubst.

Das Leben trägt dich wie auf Engelsflügeln, wenn du es zulässt und dich deiner Intuition hingibst. Deine Intuition zeigt dir, welche Farben des Regenbogens nun das blütenweiße Blatt Papier des neuen Lebenskapitels füllen werden. Sie zeigt dir den Zauber, die Magie eines neuen Anfangs.

Der Zauberstab der Seelenquelle
Eine märchenhafte Visualisierungsübung

Entspanne dich, und atme tief in deinen Körper hinein. Komme ganz bei dir an, und fühle dich von Kopf bis Fuß. Du bist eine göttliche Seele, die hier auf der Erde eine ganz besondere Aufgabe hat: Du erschaffst dein Leben. Damit du dies auch voller Freude tun kannst, findest du in dir dafür ein magisches Instrument.

Stelle dir dazu vor, dass du deinen inneren Seelenraum betrittst. In diesem innersten Heiligtum ist die Quelle deiner schöpferischen Energie wohlgehütet. Es ist ein prachtvoller, herrlicher Raum. Betrachte deine Quelle. Du kannst daraus schöpfen, daraus trinken und auch darin baden, wenn du möchtest. Dies ist eine kraftvolle Handlung, wenn du für dein Leben neue Energie brauchst.

Schaue in die Quelle hinein. In ihrer Mitte funkelt etwas. Es ist der Zauberstab deiner Schöpferkraft. Nimm ihn heraus. Schaue ihn dir genau an. Dieser Zauberstab ist immer mit deiner Quellenergie verbunden. Er ist ein wunderschönes, edles Symbol für die Macht, die du auf die Erde mitgebracht hast. Mit ihm kannst du dein Leben verändern und einen großartigen Schritt in einen prächtigen Neuanfang gehen.

Spüre den Zauberstab in deiner Hand. Er ist voller Magie, und Magie bedeutet, dass du Einfluss nehmen kannst auf die Dinge, die geschehen. Du tust dies ohnehin jeden Tag durch deine Gedanken und deinen Glauben, und dein Zauberstab erinnert dich daran. Jetzt kannst du ganz bewusst und zu deinem Besten erschaffen. Spüre den Zauberstab in deiner Hand, und erschaffe dir das Leben, wie es dir wirklich gefällt.

Nimm den Zauberstab mit in dein Hier und Jetzt. Er ist dein Zepter, nutze ihn weise und mit Liebe. Atme tief, und fühle die Macht der Schöpferkraft, die dich durchströmt. Du bist angefüllt mit Energie und kannst jeden Neuanfang bewusst und lichtvoll gestalten.

Du kannst jederzeit zurückkehren in deinen innersten Seelenraum und aus der Quelle schöpfen.

Einen Neuanfang bewusst gestalten
Eine Herzenscollage

Nimm dir ein möglichst großes Blatt Papier. Es kann eine Tapetenbahn sein oder die Rückseite eines alten Posters, Hauptsache, du hast viel Platz.

Besorge dir eine Schere und Klebstoff. Nimm ein paar deiner Lieblingszeitschriften und breite sie vor dir aus. Nun lasse deinem Spaß und deiner Lust am Leben freien Lauf! Wie soll der Neuanfang aussehen, den du heute wagst? Was darf jetzt alles geschehen?

Finde die passenden Bilder und Texte, die zeigen, was du wirklich fühlen und erfahren willst. Schneide sie aus, und lege sie an die Stellen, die dir richtig erscheinen. Spiele mit den Bildern deiner Wünsche – alles greift ineinander und passt auf eine ganz besondere Weise zueinander.

Sei kreativ, sei so neugierig und offen wie ein Kind, das keine Grenzen kennt. Die Welt steht dir offen! Du kannst jetzt im Schlaraffenland des Lebens frei wählen. Begeistere dich wieder für die vielen Möglichkeiten, die du nutzen kannst. Lasse die Zügel los, und lasse dich treiben.

Klebe alles sorgfältig auf, wenn du das Gefühl hast, dass es ein Bild ergibt, das zu deinem Neuanfang und deinem Ziel passt.

Es ist dein Leben, und es darf bunt, wild, schön, reich und großartig sein. Ganz so, wie es dir gefällt und dir guttut. Du hast es verdient, dass du dich richtig wohlfühlst!

Hänge die Collage, wenn sie fertig ist, an eine Stelle, an der du sie immer sehen kannst. Dann gewinnt dein Ziel schärfere Konturen, und alles in dir richtet sich darauf aus. Du entwirfst deine Realität. Genieße sie!

Affirmation

Stelle dich vor einen Spiegel. Der Neuanfang liegt vor dir, und jetzt hast du auch ein klares Bild davon, wohin du gehen willst. Spüre dich tief hinein in dieses Bild. Sei ganz bewusst am Ziel deiner Wünsche, und erlebe es mit allen Sinnen. Damit gibst du der Schöpfung Kraft.

Dann sprich es aus, und schaue dir dabei tief in die Augen:

»Ich genieße von ganzem Herzen ... (formuliere dein Ziel).«

Du kannst aus dieser einfachen, kraftvollen Affirmation auch eine 30-Tage-Übung machen. Sprich dazu mindestens einmal, am besten zwei- bis dreimal am Tag diesen Satz in dein Bewusstsein, damit er wahr werden kann.

Du kannst diesen Satz auch zusätzlich auf Klebezettel schreiben und überall dort anheften, wo du dich tagsüber aufhältst. Damit erinnerst du dich daran, bereits das Ziel zu spüren. Auf diese Weise formst du deine Realität und erlaubst dem Leben, sich für dich neu zu gestalten!

Das Sternentor
von Erzengel Chamuel

Die Botschaft

Geliebte Seelen! Ich bin die Essenz der Liebe – rein, leicht und hingebungsvoll, zart wie ein Blütenblatt und doch die größte Kraft im Universum. Ich bin das Klare und Weite, das ihr in euch sucht. Meine Kraft ist immer bei euch, um euch an die Kraft eures Herzens zu erinnern. Liebe darf leicht sein, einfach und voller Freude. Wenn sie leicht und weich ist, nährt euch die Liebe und trägt euch auf ihren Flügeln in ungeahnte Höhen. Die Erkenntnis in den Augen eines Kindes, wenn es unendliche Freude spürt, ist der Ausdruck wahrer Liebe. Das Gefühl, vollkommen geborgen und sicher zu sein in den Armen Gottes, ist Liebe. Manchmal könnt ihr diese Geborgenheit auch in den Armen eines Partners finden. Doch nur, wenn ihr diese bedingungslose Liebe in euch selbst spürt, kann sie euch wirklich erreichen. Dann wird aus einem Wort das größte Gefühl aller Zeiten. Sucht nicht mehr im Außen, was euch fehlt. Schenkt es euch, und lasst es euch von mir schenken. Meine Liebe ist ein immerwährendes Geschenk an euch. Nehmt es an, dann kann euer Leben zur schönsten Rose erblühen, die euch mit wonnigem Duft verwöhnt und keine Dornen hat. Fließt mit im Fluss des Lebens, der euch zärtlich umspült. Wahre Liebe trägt euch und lässt euch hinauswachsen über eure Grenzen in ein neues Land, ein Land voller Glück, Frieden und Harmonie. Dieser Ort wartet in euch, in eurem Herzen darauf, entdeckt zu werden. Nehmt meine Hand, ich zeige euch den Ort.

Empfangen durch Sonja Ariel von Staden im Juli 2009

Bedeutung

Erzengel Chamuel ist die symbolisierende Kraft der Liebe. Sehr oft wird sie als weibliche Energie wahrgenommen, weil sie viele Aspekte der menschlichen Weiblichkeit vereint. Sie ist die Hüterin der allumfassenden, bedingungslosen Liebe, die in der gesamten Schöpfung schwingt. Liebe ist ein Gefühl. Sie ist reine

Energie und schwingt in jeder deiner Zellen. Sie fließt durch alles hindurch, was jemals erschaffen wurde und erschaffen wird.

Erzengel Chamuel ist deine Ansprechpartnerin, wenn du ein Anliegen hast, das mit Liebe zu tun hat. Sie ist für jeden Menschen da, der Zuneigung, Geborgenheit und Trost benötigt. Hingabe ist ihr größtes Geschenk an uns Menschen.

Die unbewusste Triebfeder jedes Menschen ist der Wunsch, einfach so geliebt zu werden, wie er ist. Dieser Wunsch gibt dem Leben auf Erden einen Sinn. Er formt dich und mich, denn wir alle möchten uns wieder in der Quelle der Liebe vereinigen und auflösen. Die Sehnsucht nach Verschmelzung, Ankommen und Einssein führt uns durch die Jahre, die wir auf der Erde verbringen – und wir können all dies jederzeit erfahren.

Mit der Liebe beginnt alles, und in Liebe wird der Zyklus enden, um wieder neu zu beginnen. Es ist ein Kreislauf, dem auch du dich angeschlossen hast. Einst wolltest auch du auf diese Erde kommen, nicht nur, um zu wissen, dass du Liebe bist, sondern um es zu erfahren! Dazu dient der Spielplatz Erde.

Erzengel Chamuel unterstützt dich dabei, diese Erfahrung zu machen. Sie dient dir, indem du dich mit ihr verbinden kannst. Dadurch hast du einen direkten Zugang zur göttlichen Quelle der Liebe. Du kannst eintauchen und baden in dieser größten und höchsten Schwingung, die dein ganzes Leben verändern kann.

Es beginnt mit deiner Selbstliebe (mehr dazu kannst du im Kapitel »Das Sternentor der Selbstliebe« nachlesen) tief in deinem Herzen und dehnt sich auf die Liebe zu deinem selbst gewählten Leben aus. Liebe umhüllt alles, was du selbst erschaffen hast, und schließt auch die Liebe zu deinen Mitmenschen und der gesamten Schöpfung ein. Aus dieser Perspektive verändert sich dein Blick. Du spürst die Erhabenheit und Vollkommenheit allen Seins. Du erfährst Demut vor dem göttlichen Kern, der in allem Leben steckt. Jede Seele ist göttlicher Natur, so wie du. Und jeder kleinste Teil der Schöpfung verdient Respekt und Achtung. Das lehrt die Liebe. Sie zeigt die wahre Natur von Frieden und Glück.

Erzengel Chamuel ist die Rose, die zärtlich erblüht, wenn du dein Leben neu erschaffen möchtest – auf der wahren Basis der Liebe. Chamuel hüllt dich ein in eine wärmende Wolke wonniger Gefühle und lässt dich spüren, wie wundervoll und liebenswert du bist. Ihre leuchtenden, glitzernden Impulse reinigen dein Energiefeld und erhöhen deine Schwingung. Du kannst dein Leben von einer höheren Warte aus sehen. Du erkennst die Zusammenhänge und fühlst, wo du leer warst. Nun kannst du dich auffüllen mit himmlischer Liebe, die deinen goldenen Kern kennt. Du hast es verdient, aufrichtig und wahrhaftig geliebt zu werden – zuerst von dir selbst und dann von Menschen, die erkennen, wie wertvoll und wunderbar du bist. Dabei unterstützt dich Erzengel Chamuel gerne – jederzeit.

Liebe erfahren

Ein kraftvolles Ritual

Fühle in dein Herz hinein. Spüre deinen Herzschlag. Er transportiert das Blut durch deinen Körper und bringt jede Zelle im Rhythmus dieses Pulses in Schwingung. Dein Herz erzeugt Impulse, und gleichzeitig ist es die Quelle deiner Liebe. Je satter du angefüllt bist mit dem Gefühl von Liebe, desto klarer und kraftvoller sind die Schwingungen, die durch dich fließen. Fühle dich im Raum deines Herzens, im Raum der Liebe.

Dann bitte Erzengel Chamuel, diesen Raum mit ihrer großen, himmlischen Liebeskraft zu erfüllen. Sei dir gewiss, dass du diese Unterstützung verdient hast.

Spüre, wie sich die Wellen von Wärme und Glück in dir ausbreiten, bis sie dich ganz und gar erfüllen. In jeder Zelle vibriert nun Liebe. Sie strömt durch dich hindurch und dehnt sich über deinen Körper hinaus aus. Sie fließt wie ein süßer Duft in die Welt und erreicht die Seelen um dich herum. Sie spüren die Liebe ebenfalls und erfahren sie auf ihre Weise.

Erzengel Chamuel ist die Hüterin dieser großen Kraft, und sie sorgt dafür, dass die gesamte Schöpfung mit ihr genährt wird. Bedanke dich bei Chamuel, und fühle die Energie, die dich nun durch den Tag trägt – in Frieden und mit einem Lächeln auf den Lippen.

Affirmation

Stelle dich vor einen Spiegel, und sprich dir mit einem liebevollen Lächeln in die Augen und das Herz:

»Große Liebe ist in mir. Sie trägt mich und erfüllt mein ganzes Leben.«

So wird es sein. Du lädst das Gefühl ein, und es wird sich wärmend und wunderbar in dir ausbreiten, so oft du willst.

Das Sternentor
der Dankbarkeit

Die Botschaft

Dankbarkeit entsteht aus Frieden, einem Frieden, der im Inneren wächst. Dankbarkeit ist ein Gefühl. Dieses Gefühl kann dich erfüllen, wenn du bemerkst, wie viel du in deinem Leben schon erreicht hast. Dankbarkeit fließt durch dich hindurch, wenn du glücklich bist und wenn du die Geschenke annimmst, die dir das Leben bereitet.

Sei dankbar für das, was du bist, was du hast und wer du sein darfst. Sei dankbar für die Erde, die dich trägt, und für die Liebe, die du erlebst. Dankbarkeit ist ein Kreislauf aus Glück und Fülle, ein Kreislauf, der dich nährt und dir neues Glück beschert. Sei offen für das, was kommen kann. Sei dankbar für die Gegenwart, hier und jetzt. Sei dankbar für deine Vergangenheit – allumfassend. Sei dankbar für die Geschenke der Zukunft, die du bereitwillig annimmst. Genieße jeden Augenblick voller Dankbarkeit, denn jeder Augenblick ist wichtig in deinem Leben. Du bist wichtig. Wenn Dankbarkeit fließt, vergisst du das Leid. Du konzentrierst dich auf alles Schöne, was gerade ist. Und das zieht neue, schöne Augenblicke an wie ein Magnet. Öffne dich der Dankbarkeit für die Fülle und Pracht, die du bist und lebst. Es ist ein heiliger Moment.

Empfangen durch Sonja Ariel von Staden im August 2009

Bedeutung

Voller Dank zu sein, ist ein wunderschönes Glücksgefühl. Mit dem ersten Gedanken am Morgen schon dankbar für den Tag zu sein und für alles, was dir begegnen wird, ist Erleuchtung. Es bedeutet, dass du verstanden hast, dass alles zu deinem Wohle und Besten geschieht. Wir Menschen können mithilfe des Denkens reflektieren, warum uns Dinge begegnen, was wir aus Situationen lernen können und wie wir uns dank ihrer weiterentwickeln können. Wenn wir mit unserem Verstand, dem Herzen und unserer Intuition verstehen, was wir erleben und warum wir diese

Erfahrung machen, werden wir weise. Ein weiser Mensch sieht in jedem Gegner und jeder Herausforderung den geduldigen Lehrer und die wertvolle Prüfung. Ausweichen können wir unseren Aufgaben zwar, doch sie werden uns voller Liebe immer wieder begegnen, bis wir sie lösen. Wir können ihnen begegnen, indem wir uns jeden Tag vor Augen führen, dass alles geschieht, um uns zu dienen.

Oftmals sehen wir erst im Rückblick, wie wichtig eine Begegnung war. Manchmal können wir über uns selbst und unsere Reaktionen sogar lachen, weil wir aus der Distanz die Prüfung und auch die Erleichterung erkennen, wenn alles be- und verstanden ist. Dann können wir dankbar sein für das Erlebnis und auch unserem Lehrer danken. Unser Herz geht auf und ein Lächeln entspannt uns. Es ist so viel Liebe in der Welt, aber wir können sie erst nach einer Weile des Lernens und Übens wirklich spüren. Sie befindet sich in allen Bereichen des Lebens, auch dort, wo wir sie kaum vermuten.

Eine der größten Herausforderungen, die uns im Leben begegnet, die Vergebung, birgt vor allem Dankbarkeit. Es ist der Weg aus der Opferrolle in die erleuchtete Erkenntnis.

Wenn sich ein Mensch für dich hingibt und dir als Meister dient, indem er dir deinen Schatten präsentiert, ist dies ein Geschenk der Liebe. Er hilft dir dabei, dich zu verbessern und dich noch stärker und klarer zu machen. Er hilft dir, aufmerksam zu werden für neue Glücksmomente und vor allem für deine Selbstliebe.

In diesem Prozess gibt es eine natürliche Folge:

Begegnung – mit dem Lehrer beziehungsweise mit einer Person, die in einer bestimmten Situation als Lehrer dient
Erkenntnis – Warum habe ich diese bestimmte Situation erlebt, bin ich diesem Menschen begegnet, und was habe ich daraus gelernt?
Vergebung – beiderseits, du vergibst dir und dem Lehrer, denn du hast den Lehrer angefordert.
Loslassen
Dankbarkeit

Bist du angekommen in der Erkenntnis, warum dir etwas widerfahren ist, und welche Geschenke dir diese Situation gemacht hat – es gibt immer welche –, kannst du erleichtert aufatmen. Du kannst loslassen, was dich beengt hat, und voller Glück und Dankbarkeit für neue Ideen und frische Energie Platz machen. Du kannst deinen Fokus neu ausrichten auf das Positive, das dir noch begegnen möchte!

Wenn du abends entspannt auf den Tag zurückblickst, kannst du sehen, was du gelernt und erkannt hast. Es kann dir die vielen kleinen und großen Geschenke und Glücksmomente aufzeigen. Dankbar zu sein für diese Ereignisse macht dich groß und weit. Es macht dich bereit für die nächsten schönen Augenblicke. Es richtet deine Gedanken und Gefühle auf die positiven Seiten des Lebens und macht dich stark.

Dankbarkeit ist eine große, tiefe Kraft, die du dazu nutzen kannst, deinem Leben noch mehr Glanz und Leichtigkeit zu schenken.

Vergebung und Dankbarkeit

Wenn du magst, kannst du hier die Übung aus dem Kapitel »Sternentor des Friedens« machen (Seite 76).

Eine kleine Abendübung

Nimm einen Zettel oder dein Tagebuch zur Hand und notiere so viele schöne Momente und Ereignisse wie möglich. Schreibe auf, wofür und warum du dankbar bist. Falls dir klar wird, dass du wieder einmal von einer besonderen Person geprüft wurdest, vergib ihr, und sei dankbar für diese Prüfung. Dann notiere, wofür du dieser Person dankbar bist.

Mit jedem Gedanken der Dankbarkeit löst du Glücksgefühle aus. Deinem Körper gefällt dies so gut, dass er deinen Geist gern dabei unterstützt, noch mehr dieser schönen Gefühle zu erzeugen! Deine Sinne öffnen sich für die bemerkenswerten Wunder des Lebens!

Affirmation

Stelle dich so oft wie möglich vor einen Spiegel, atme tief in dein Herz und deinen Bauch, und sprich die Worte direkt in deine Augen und deine Seele:

»Ich bin so dankbar für mein Leben, meinen Körper und alle Erfahrungen, die ich mache. Ich liebe mich, wie ich bin, und lerne gerne dazu. Danke!«

Spüre die Dankbarkeit wie glitzernde, lebendig prickelnde Energie in deinem Körper und deinem Herzen. Sie erfrischt dich und gibt dir neue Lebenskraft.

Das Sternentor der Kinder

Die Botschaft

Geliebte Seelen! Diese Erde ist ein Spielplatz, gemacht allein damit eure Seelen hier spielen und Erfahrungen sammeln können. Jede Seele startet gleich: als Kind, denn ihr alle habt diese Welt einst als Kinder erblickt. Eure Augen haben sehen gelernt, die Ohren hören, ihr konntet essen und trinken und habt euch weiterentwickelt – wie alles auf dieser Erde.

Kinder sind vollkommen. Vom Beginn ihres Lebens an können sie alles und wissen alles. Das Wissen ist vorhanden, weil jede Seele mit dem vollkommenen Ursprung verbunden ist. Getrennt sein beginnt erst mit dem bewussten Gefühl. Solange ein Kind sich geborgen und in Sicherheit fühlt, ist es mit der Quelle – mit mir – verbunden. Alles geschieht im göttlichen Plan, im Fluss des Lebens. Jeder Sonnenaufgang ist der Beginn im Hier und Jetzt, und mit jedem Sonnenuntergang endet ein Tag voller Abenteuer und neuer Eindrücke. Kinder sammeln Erfahrungen, sie lernen, erkennen und werden mit der Zeit bewusster.

Bis dahin gibt es für sie nur die Anbindung an die Quelle und ihre Götter auf Erden: ihre Eltern. Es gibt kein stärkeres Band als die Liebe zwischen einem Kind und seinen Eltern. Diese Verbindung ist heilig, denn sie entsteht aus bedingungsloser Liebe und absoluter Hingabe – ob die Seele dies auf der Erde bewusst erkennt oder nicht. Vor der Ankunft auf der Erde, im großen Einssein verschmolzen, habt ihr euch abgesprochen, in welcher Konstellation ihr die Erde erfahren wollt. Eure Seele hat einen göttlichen Körper geformt, der von einem göttlichen Geist erfüllt und sich seiner Schönheit und Perfektion absolut bewusst ist.

Wenn ein Kind, unbeeinflusst von fremdem Glauben, sich selbst erkennt, sieht es sich in dieser Schönheit und Perfektion. Wenn es allein von der Liebe begleitet ist, kann es sich in seinem ganzen Potenzial entfalten.

Kinder sind ein Geschenk, und jedes neue Kind auf dieser Erde wird noch bewusster und klarer sein als die vorangegangene Generation. Wachstum ist fortwährender Wandel, fortwährendes neues Bewusstsein. Mit jeder neugeborenen Seele wächst das Licht in der Welt. Jede Seele bringt einen einzigartigen Plan auf die Erde, der dazu dienen kann, die Energie anzuheben. Das Zeitalter der großen Veränderung, des Zurückerinnerns an das Einssein, hat begonnen.

Ehrt die Kinder, dann ehrt ihr die erwachsenen, gewachsenen Seelen. Wenn ihr es den Kindern ermöglicht, voller Liebe und Entfaltung aufzuwachsen, bekommt ihr alle neuen Chancen, euch zu entwickeln. Lernt von den Kindern. Erinnert euch an eure Leichtigkeit, eure bewusste Wahrnehmung des Augenblicks, an eure Schönheit und Perfektion. Genießt das Lachen der Kinder, ihre Neugierde, ihre Wünsche, Träume und Visionen! Sie sind es, die die Welt voranbringen! Ohne Visionen gibt es kein Wachstum, keine Evolution. Ebnet den neuen Kindern den Weg, und die Welt wird mit euch allen lachen! Kinder leben anstatt sich zu sorgen. Erkennt eure kindliche, frische Kraft in den jungen Herzen der Kinder, und ihr werdet die Welt selbst wieder mit neuen Augen sehen. Jeder Tag ist einzigartig. Jede Seele ist einzigartig, und jedes Kind ist ein Wunder!

Empfangen durch Sonja Ariel von Staden im September 2009

Bedeutung

Jede Seele dieser Welt beginnt ihr Leben als Kind. Frisch und rein wie der erste Schnee des Winters. Verbunden mit der Ewigkeit und Liebe der göttlichen Quelle, erblickt sie das Licht dieser Welt und möchte nur eines: sein.

Ein Kind fühlt ohne Filter, frei und ohne zu bewerten. Als weißes Blatt Papier wird es geboren und trägt doch schon alle Weisheit in sich. Die Augen eines Kindes blicken unschuldig und zugleich zutiefst wissend in die Welt. Scheint es den Erwachsenen oftmals hilflos und verletzlich, so ist doch der Lebenswille eine mächtige Flamme im neugeborenen Körper. Dieser starke Wille bringt die Seele auf die Erde. Der tiefe Wunsch, sich zu erfahren, überwindet alles, was vermeintlich im Wege steht.

Wie eine perfekte, weiche Tonkugel in den Händen eines Töpfers liegt, legt die Seele vertrauensvoll ihr Leben in die Hände ihrer Eltern. Dieses rundum vollkommene Wesen erlaubt denen, die es gezeugt und geboren haben, es aufzubewahren und in den allerersten Jahren zu gestalten. Die Eltern formen nach ihrem erlernten Wissen das Wesen und die Grundstruktur der Seele, dieser perfekten Tonkugel – mal sanft, mal energisch. Die Seele hat ihre Eltern einst vor der Geburt gefunden, um genau dies geschehen zu lassen. Mit ihrem freien Willen hat sie gewählt, wie und von wem sie geformt werden will – in dem Wissen, dass jede Erfahrung auf der Erde wichtig ist für das große Ganze.

Was auch immer mit der Seele im Laufe der Kindheit geschieht – sie erfährt die Werte der Menschen, denen sie vertraut. Eines Tages vollzieht sich ein Wandel. Das Kind reift und erkennt in einem neu erwachten Bewusstsein, dass es eine ganz eigene Kraft und einen ganz besonderen Wert hat. Es möchte sich erproben, möchte ganz bewusst seine Grenzen fühlen, möchte sich selbst formen und die Möglichkeiten ausschöpfen, die das Leben bietet.

Es ist an den Eltern und allen Mitmenschen, mit aller Liebe und voller Respekt vor der Einzigartigkeit des Kindes dabei zu helfen, dass die Schönheit der Seele und ihre Verbindung zur Quelle erhalten bleiben. Dies ist der Weg der Neuen Zeit. Wir alle können dabei helfen.

Deine eigene Kinderseele in der Einheit spüren

Eine Visualisierungsübung

Jede Seele beginnt als Kind, und in jedem Menschen bleibt das Reine und Freie erhalten, das sich erst mit dem Wunsch der Eltern verändert, die nach bestem Wissen dem Kind den Weg weisen. So wie sie ihn gewiesen bekamen.

Auch in dir ist noch die Verbindung mit der göttlichen Quelle vorhanden, die Gewissheit, dass du eine perfekte Kreatur bist, die einen himmlischen Plan und die freie Wahl hat. Dein Ursprung ist vielleicht vergessen, doch nie verschwunden. Finde zurück in die Zeit, in der das Blatt deines Lebens noch blütenweiß war. Male selbst dein Leben – jetzt, mit vollem Bewusstsein deiner Einzigartigkeit.

Die geformte Tonkugel, die Seele, wird gebrannt im Feuer der Pubertät. Du fühlst dich als ein erwachsener Mensch, aber so, als könntest du nichts an dir selbst und deinem Leben ändern – bis dein Bewusstsein dir endlich den Impuls gibt, dich wieder mit der Einheit zu verbinden. Dann bricht die feste Kruste langsam auf, und dein wundervolles Licht wird sichtbar. Es löst die feste Form auf und Wissen wird zu Weisheit. Das Licht ist in jedem Menschen.

Nun kannst du zurückfinden in den Moment, in dem du die Einheit noch vollkommen gefühlt hast. Verfolge den Strang deines Lebensweges zurück, so, als würdest du einen Film mit hoher Geschwindigkeit zurückspulen. Du siehst die Ereignisse nur verschwommen und bleibst nicht stehen, um sie zu betrachten. Lasse sie vorbeifließen. Deine Gefühle sind voller Freude ausgerichtet auf den Moment, in dem du die Einheit der Göttlichkeit bewusst verlassen hast, um Mensch zu werden.

Fühle dich hinein in den ewigen Augenblick des Einsseins. Spüre deinen freien Wunsch, als Seele verschmolzen zu sein in göttlicher Glückseligkeit, um dann ganz bewusst in den Schoß deiner Eltern zu fließen und dieses Leben zu beginnen.

JETZT wirst du neugeboren.
JETZT beginnst du bewusst und frei.
JETZT ist die Zeit gekommen, als vollkommenes göttliches Wesen ein Leben zu wählen, das DEINEN Vorstellungen entspicht.

Fühle das Glück, du selbst zu sein. Fühle das fröhliche, glückliche Kind in dir, das einfach nur sein möchte. Genieße jeden Tag mit dem Bewusstsein, dass du verbunden bist mit der Schöpfung, und forme daraus ein wundervolles Leben nach deinen himmlischen Regeln und Werten.

Kinderseele sein
Eine entspannende Meditation

Finde einen Raum, in dem du ungestört ganz bei dir sein kannst. Sorge gut für dich. Mache es dir kuschelig und gemütlich. So, wie du es als Kind am liebsten hattest.

Nimm ein paar tiefe Atemzüge, und fühle, wie sich dein Körper entspannt. Schließe deine Augen, und spüre in dein Herz. Dort gibt es einen Raum, in dem du immer noch Kind bist. In diesem Raum kannst du nun die Engel einladen, damit sie ihn mit Licht und Liebe erfüllen. Dieser Raum ist ein Schlaraffenland voller schönster Möglichkeiten, ganz und gar Kind zu sein!

Tauche ein in die Welt deiner Kinderseele. Was hast du dir immer schon gewünscht? Was wolltest du als Kind erleben und besitzen? Mit wem wolltest du spielen? Wo wolltest du leben?

Tauche ein in deine eigene Wahrheit. Lebe deine Träume aus im Raum deines inneren Kindes. Erschaffe dir darin die Möglichkeit, dich selbst neu zu erfahren.

Genieße es. Spiele, lache, sei glücklich! Es gibt keine Regeln, nur Liebe und alle Möglichkeiten dieser Welt.

Bleibe in dem Raum deines inneren Kindes solange es dir gefällt. Dann kehre zurück mit dem Wissen, dass es dein Spiel ist, das du spielst. Erschaffe dir ein Leben, in dem du dich rundum wohlfühlst. Du hast die Kraft!

Affirmation

Sei dir deiner selbst ganz bewusst. Fühle das innere Kind in dir – frei und voller Freude. Stelle dich vor einen Spiegel, und betrachte dich mit den Augen eines Kindes. Ein Kind ist ehrlich. Sei ehrlich zu dir selbst, und erkenne, wer du wirklich bist.

Sprich diese Worte in deine Augen und dein Herz:

»Ich bin verbunden mit allem, was existiert. Ich kann wählen. Und ich wähle jetzt, mein Leben so zu genießen, wie ich es schon immer wollte! Meine Seele ist frei!«

Wenn du etwas in deinem Leben verändern möchtest, weil dein inneres Kind Liebe, Heilung oder einfach nur Spaß haben möchte, dann ändere es. Du hast die Macht und die Kraft. Glaube an dich, wie du als kleines Kind an dich geglaubt hast!

Das Sternentor
»Ausdruck des Herzens«

Botschaft

Geliebte Seelen! Der Ausdruck des Herzens führt direkt in den Mittelpunkt eurer Seele. Es ist an der Zeit, Mut und Kraft zu schöpfen, um euer ganzes Potenzial wahrhaftig zu leben – und zu zeigen! Es ist an der Zeit, voller Liebe und Glück mit der Welt eure Schönheit, eure Ideen und euer Licht zu teilen. In euch glüht der Seelenfunken, der euch am Leben hält. Bringt diesen Funken wieder dazu, als große, nährende Flamme zu brennen, und zeigt, wer ihr wirklich seid. In euch ist die Quelle des Lebens lebendig. Lasst eure Gefühle wieder sprudeln, spürt das Sein, und erinnert euch an die Göttlichkeit, die in euch wohnt! Zeigt der Welt: »Das bin ich!«

Empfangen durch Sonja Ariel von Staden im Dezember 2009

Bedeutung

In dir wohnt eine Kraft, die groß ist wie eine Sonne, eine lebendige Quelle aus purer Freude, Wärme und goldenem Strahlen. Du bist ein Wesen aus reiner Liebe, die sich verströmen möchte, die empfangen möchte und einfach nur glücklich sein will.

Es ist Zeit, diese Kraft in dir zu erwecken. Das Leben in dir möchte sich entfalten, möchte das ganze Potenzial erkennen und ausprobieren. Viel zu lange hast du dich zurückgehalten aus Bescheidenheit und dem Wunsch, in die Gesellschaft integriert zu sein. Doch nun kannst du fühlen, wie etwas in dir zu brennen beginnt. Es ist der Wunsch, endlich die Flügel auszubreiten, um zu fliegen – denn dazu sind sie da! Der Wunsch, endlich ganz du selbst zu sein, wird vielleicht einige Menschen verwundern, doch du wirst ihnen einen sehr großen Gefallen tun, wenn du endlich dein Licht leuchten lässt, denn dann können sie sich an dir ein Beispiel nehmen. Sie können sehen, dass du glücklich bist mit dir selbst und deinem wundervollen Leben.

Wenn du deine Flügel ausbreitest, bist du in deiner Energie zu Hause. Du kannst fühlen, was du schon immer erschaffen wolltest. Du kannst erkennen, dass deine Träume Realität werden können – allein mit einem einzigen Gedanken.

Du wolltest schon immer malen, schreiben, tanzen, singen, Menschen zum Lachen bringen, auf einer Bühne stehen, berühmt sein, Menschen heilen und ihnen helfen – oder schlichtweg einfach ganz du selbst sein?

Jetzt ist die Zeit gekommen! Die Energie dieser Erde verstärkt sich mit jedem Tag. Das Bewusstsein der Menschheit erweitert sich wie eine Welle in jeder Minute mehr. Alles auf diesem Planeten wird dazu aufgefordert, das innere Licht leuchten zu lassen. Diese Welt kann in eine neue Dimension aufsteigen, wenn jede Seele aus dem mitgebrachten Potenzial das Beste macht. Du hast vor deiner Geburt entschieden, was du machen und sein willst in deinem Leben. Du kannst es spüren, ganz tief in dir. Schon als Kind hattest du Ideen und Träume davon, was du einmal sein möchtest. Es waren die richtigen Ideen!

Traue dich, deine kühnsten Vorstellungen lebendig werden zu lassen. Es ist das Risiko wert, denn die Erfahrung zeigt, dass Menschen mit Visionen und der Fähigkeit, sie auszuleben, die zufriedensten sind.

Auch du kannst dein Licht groß und weit leuchten lassen. Du wirst dadurch mithelfen, diese Welt zu einem friedlichen und liebevollen Ort zu machen, einfach dadurch, dass du ganz und gar so bist, wie du wirklich bist. Lasse deine Liebe, deine Kraft und Schönheit hinaus in die Welt. Sie wird dich dafür reich beschenken.

Die Herzkraft fühlen und zeigen
Eine bunte Übung

Jetzt geht es darum, ganz tief in dein Innerstes hineinzufühlen und alles hinauszulassen, was dort verborgen ist – über die Farbe.

Am besten nimmst du Kinder-Fingerfarben, mit denen du auf Fensterglas oder Papier malen kannst, je nachdem, was dir lieber ist. Es gibt sie in jedem größeren Kaufhaus. Du brauchst keine große Anzahl verschiedener Farbtöne zu kaufen – deine Lieblingsfarben beziehungsweise die, die dich beim Einkaufen am meisten »rufen«, reichen völlig aus.

Wähle einen möglichst großen Untergrund, entweder ein großes Fenster, das du hinterher gut reinigen kannst, oder ein möglichst großes Stück Papier, zum Beispiel einen Tapetenrest oder ein altes Kalenderblatt. Sorge dafür, dass die Umgebung gut abgedeckt ist, falls sich freche Farbkleckse verirren. Auch deine Kleidung sollte angemessen sein.

Bereite alles gut vor. Wenn du soweit bist, schließe kurz die Augen. Lasse deine inneren Sinne in dein Herz wandern. Fühle dort die Quelle deiner Kraft und deiner Träume. Fühle sie als Farben und Formen. Bade in dieser Kraft, und lasse dich von dieser wunderbaren Energie durchfluten. Spüre, wie du eins wirst mit der Quelle deiner Seele, die in deinem Herzen zu Hause ist.

Wenn du ganz durchströmt bist von Licht und Farbe, öffne die Augen, und lasse die Farben auf das Fenster oder das Papier fließen! Tauche deine Hände in die Farben vor dir ein, und verteile sie. Die Farbe ist jetzt dein Gefühl. Was will sich zeigen? Wie bunt bist du innerlich? Lasse alles aus dir herausfließen.

Wenn du in der Malphase Lust auf eine bestimmte Musik hast, die deine Gefühle widerspiegelt, dann lasse dich auch von den Tönen inspirieren. Zeige, wer du bist. Zeige, was in dir steckt. Bringe heraus, was so lange versteckt war.

Wenn du fertig bist, kannst du ein Foto von deinem Kunstwerk machen, das du ausdrucken und in dein Lebensbuch einkleben kannst. Du kannst auch beschreiben, was du während des Malens gefühlt hast. Es hilft dir dabei, dich selbst besser kennenzulernen. Es macht so viel Spaß, das Innerste sichtbar zu machen!

Fühle, was du wirklich bist
Eine Schreibübung

Nimm dir dein Lebensbuch zur Hand, und finde einen Platz, an dem du Ruhe hast. Mache es dir so bequem und kuschelig wie möglich.

Es geht darum, ohne nachzudenken alles aufzuschreiben, was dich selbst ausmacht. In einzelnen Worten und Begriffen oder in kurzen Sätzen. Schreibe so lange, bis dir wirklich nichts mehr einfällt. Wer bist du? Was fühlst du? Was willst du der Welt von dir zeigen? Schreibe ohne Bewertung, denn alles in dir ist richtig und wichtig.

Wenn du alles aufgeschrieben hast, lies es in Ruhe durch. Betrachte die Worte, und forme daraus einen neuen Selbstausdruck. Alles ist möglich. Du kannst dich verwandeln – wie eine Raupe, die zum Schmetterling wird –, wenn du deine innerste Kraft lebendig werden lässt.

Schreibe nun in liebevollen Sätzen deine wahren Träume und Wünsche auf. Schreibe, wie du dich selbst gerne in einem Jahr sehen möchtest, was du erreicht haben möchtest, wie du sein willst und was du besitzen möchtest. Das Leben wird dich hören und dir dabei helfen, diese Ziele zu erreichen, wenn es zu deinem Besten ist. Glaube an dich und die lebendige Kraft in dir. Du hast es verdient, deinen schönsten Selbstausdruck zu leben!

Affirmation

Stelle dich vor einen Spiegel, lege eine Hand auf dein Herz, und fühle deinen Herzschlag. Spüre die Energie in dir, deine Kraft und deine Freude. Dann sprich dir in die Augen und mitten hinein in deine Seelenquelle:

»Ich lebe den allerschönsten Ausdruck meiner selbst. Ich bin wundervoll, wie ich bin, und zeige der Welt mein Licht. Ich werde geliebt für das, was mich wirklich ausmacht.«

So ist es. Je mehr du wirklich du selbst bist, desto glücklicher und befreiter wirst du sein. Die Menschen um dich herum werden sich vielleicht zuerst wundern, doch nach einer Weile werden sie erkennen, dass du den richtigen Weg gehst. Jene, die dich lieben, wie du bist, werden mit dir glücklich sein, und jene, denen du zu hell strahlst, werden gehen. Sie machen somit Platz für neue Menschen, die noch viel besser zu dir und deinem wahren Licht passen. Du wirst zum Magneten für Wundervolles – einfach weil du lächelnd du selbst bist.

Das Sternentor des Erfolges

Die Botschaft

Die Kraft des Erfolges ist in dir. Du bist der Stern, der leuchtet, und in dir ist ein Seelenfunken, dem du folgst. Dein Herz kennt den Weg, deinen goldenen Pfad. Tief in dir ist dein Potenzial versteckt. Du entdeckst es, wenn du fühlst, was du wirklich liebst. Was liebst du an deinem Leben? Was erfüllt dich mit Sehnsucht und Hoffnung? Folge deinem Seelenfunken. Du hast große Weisheit in dir. Sie leuchtet dir den Weg zu deinem Erfolg. Du siehst das Ziel, weil du weißt, dass es dir Segen, Erfüllung, Freude bringt.

Erfolg macht dich stark. Er nährt dich und umarmt dich. Stolz kannst du der Welt zeigen, was wirklich in dir steckt. Ob große Erfolge oder kleine – wichtig ist, was du fühlst. Ein echter Erfolg lässt dein Herz schneller schlagen. Er zieht dich an wie ein Magnet und macht dich glücklich. Folge deinem Stern. Folge deinem Herzen, dann wirst du Erfolg erfahren und genießen.

Empfangen durch Sonja Ariel von Staden im Februar 2010

Bedeutung

Erfolg stellt sich ein, wenn du deinem Herzen folgst. Dein Herz kennt deinen Weg und deinen Lebensplan. Erfolg ist in allererster Linie ein himmlisches Gefühl der Freude und des Gelingens, ein prickelndes, glückliches Gefühl, weil du selbst etwas geschafft hast.

Erfolg ist auch ein Resultat, die Summe aller klugen Handlungen und sinnvollen Entscheidungen, die dich der Verwirklichung eines leuchtenden Traumes oder der Erfüllung eines brennenden Wunsches näher gebracht haben.

Du hast in deinem Leben schon viele Erfolge erlebt. Der erste ist die Tatsache, dass du gerade jetzt, in dieser spannenden Zeit, auf dieser Erde lebst. Deine

Seele hatte Lust, sich auf besondere Weise selbst zu erfahren und dazu diesen wunderschönen Planeten zu nutzen. Herzlichen Glückwunsch!

Ein zweiter Erfolg ist, dass du dieses Buch in deinen Händen hältst. Du bist einem intuitiven Impuls gefolgt und hast dich dafür entschieden, dein Bewusstsein zu erweitern. Damit hast du ein Seeleninstrument gewählt, das dich der Erfüllung deines nächsten Wunsches und deinem nächsten Triumph wieder ein Stück näher bringen kann. Auch hierzu gratuliere ich dir!

Spürst du allmählich, was Erfolg ist? Es ist eine sehr spezielle Dynamik, die dich auf deinem Lebensweg begleitet und dir Schwung gibt. Fortuna kann dich manchmal liebevoll und mit Nachdruck ziehen und schieben, wenn dein Ziel weit in der Ferne zu liegen scheint. Sie hilft dir dabei, am Ball zu bleiben und geduldig zu sein, auch wenn du alles am liebsten sofort erreichen würdest. Sie klopft dir gerne lächelnd und anerkennend auf die Schulter, weil du deine Schöpferkraft erfolgreich eingesetzt hast. Erfolg ist das Etappenziel und die Belohnung für all die wichtigen Entscheidungen, die du zu deinem Besten getroffen hast.

Feiere deine Erfolge, genieße sie, und sei stolz auf sie! Es ist schön, wenn du voller Glück am Ziel angekommst und erlebst, wie ein Traum in Erfüllung geht.

Auch dieses Buch war einmal ein Traum ...

Um Erfolg erleben zu können, dienen dir die Energien von Selbstwert und Selbstliebe (mehr darüber kannst du in den Kapiteln »Das Sternentor des Selbstwertes« und »Das Sternentor der Selbstliebe« nachlesen). Mit ihnen bestimmst du deinen Weg als Schöpfer oder Schöpferin. Mit ihnen folgst du der lebendigen Weisheit deines Herzens. Du erschaffst Träume und Wünsche als innere Bilder, um sie dann in all ihrer Pracht real werden zu lassen! Es sind deine Etappen auf dem Weg zum großen Ziel: dich selbst in aller Genialität und Weisheit zu erfahren.

Es gibt große und kleine Erfolge, jeden Tag. Um deine Erfolge spüren und genießen zu können, bedarf es deiner Aufmerksamkeit, sonst ziehen sie unbemerkt an dir vorüber. Es ist dein Blick für das Glück, der dich erkennen lässt, wie kraftvoll du manifestieren kannst. Du allein erschaffst diese himmlischen Augenblicke voller Magie. Du bist es: Träumer, Schöpfer, freier Geist.

Beginne mit einem Wunsch, und gestatte den Energien des Universums, sich zusammenzufinden, um diesen Wunsch in Erfüllung gehen zu lassen.

Aus einer Vision kann Realität werden, wenn du daran glaubst und zu deinem Besten entscheidest und handelst. Es ist dein Gewinn und dein Erfolg, der dich in deinem Bewusstsein und deiner Seelenkraft immer größer werden lässt. Erfolg folgt dem Herzen!

Dem Herzen folgen
Eine Visualisierungsmeditation

Finde einen Ort, an dem du ganz für dich sein kannst. Mache es dir bequem. Nimm ein paar tiefe Atemzüge, und komme innerlich zur Ruhe. Genieße die Zeit, die nur dir gehört.

Lasse vor deinem inneren Auge ein Bild entstehen: Du stehst in einer wunderbaren Landschaft voller Frieden und Harmonie. An deiner Seite steht dein Schutzengel, der immer bei dir ist und dich mit seiner ganzen Liebe und Kraft in deinem Leben unterstützt. Spüre die sanfte, zärtliche Nähe deines Schutzengels und die Zuversicht, die er dir schenkt.

Zu deinen Füßen siehst du einen goldenen Weg. Es ist der Weg deines Lebens. Er pulsiert leicht, denn er besteht aus reiner, lebendiger Seelenenergie. Sie fließt aus deinem Herzen, durch deinen Körper und deine Füße zum Boden und verströmt sich in die Zukunft.

In deinem Herzen beginnt alles. Spüre dein Herz, den Pulsschlag, die großartige Kraft, die dich am Leben hält. Im Zentrum deines Seins ist alles enthalten, was du brauchst, um deinen Seelenweg mit jubelndem Erfolg zu gehen. Nimm die sprudelnde Quelle in deinem wundervollen Herzensraum wahr.

Dort existiert dein Potenzial, das deinen großartigen Triumph möglich macht. Dort bündelt sich all deine Schöpferkraft. Über diesen Raum des Herzens bist du mit deiner Seele verbunden und durch sie mit allem, was existiert.

Fühle dich selbst, deinen Herzschlag und den Herzschlag der göttlichen Quelle. Hierher kommst du, und von dort wirst du immer zutiefst geliebt und unterstützt.

Mit dieser Gewissheit fühlst du, wie neue, frische Energie dich durchströmt. Deine Träume, Wünsche und Ziele formen sich vor deinem inneren Auge. Sie werden mit jedem Moment bunter, lebendiger, klarer. Du spürst, wie sie beginnen, dich zu rufen. Sie ziehen dich an wie ein großer Magnet. Du willst zu ihnen, willst deine Füße in Bewegung setzen. Und nun schaue wieder hinunter auf deinen Weg.

Das goldene Glitzern wird stärker und strahlt in deine Welt hinein. Satte, prachtvolle Energie fließt aus der Quelle allen Seins in dich hinein und durch dich auf deinen Weg. Nun kannst du vor dir Bilder deiner Träume sehen. Sie formen sich um, bis du erkennen kannst, dass sie vor dir – in deiner individuellen Zukunft – schon Realität geworden sind. Du brauchst nur einen Fuß vor den anderen zu setzen und auf sie zuzugehen!

Mit jedem Schritt wächst die Freude, bald den nächsten Erfolg feiern zu können. Du kannst sehen, wie dir deine Freunde und deine Familie gratulieren, wie sie sich mit dir freuen. Sie motivieren dich, weiterzugehen und den nächsten Traum Wirklichkeit werden zu lassen.

So formt sich dein Weg aus der Kraft und Weisheit deines Herzens. Beginne dort, deine Wünsche zu formulieren. Dort kannst du fühlen, was gut und richtig für dich ist. Und dann spüre den goldenen Weg unter dir, und nähre ihn mit der Energie deiner Seele und der göttlichen Quelle. Der Erfolg ist dir sicher!

Erfolg formen und wahrnehmen
Eine zweifache 30-Tage-Übung

Es ist dein Leben, das du jeden Tag formst, bewusst und unbewusst. Je bewusster du handelst und entscheidest, desto erfolgreicher bist du.

Dazu kannst du gleichzeitig zwei Wege verfolgen:

Zum einen kannst du an 30 aufeinanderfolgenden Tagen in deinem Lebensbuch notieren, was du dir wünschst. Formuliere alles so real, dass du die Lebendigkeit der Erfüllung mit allen Sinnen wahrnehmen kannst. Rieche, schmecke, sehe, fühle, höre! Schreibe auf, was dein Ziel ist und wie es sich anfühlt, dort anzukommen. Wie ist es, erfolgreich einen Traum wahr werden zu lassen?

Zum anderen lasse nach jedem Tag alles, was du erlebt hast, vor deinem inneren Auge Revue passieren. Sei ein Detektiv und nimm jeden Erfolg wahr, den du hattest. Notiere jeden einzelnen, zum Beispiel ein wichtiges Gespräch, das gut gelaufen ist, eine gute Entscheidung, die dir auf deinem weiteren Weg hilft, ein gelungenes Treffen mit einem Menschen oder die Überwindung eines alten Glaubenssatzes, erinnere dich an eine schöne Meditation, die dir Ruhe und Kraft geschenkt hat. Schreibe alles auf.

Es ist an dir, deine großen und kleinen Erfolge wahrzunehmen, so, wie auch die Freude und das Glück, die dir in jedem Augenblick begegnen. Schaue hin und sei stolz auf das, was du jeden Tag leistest. Genieße die Kraft, die in dir steckt und sich in deinen Erfolgen zeigt!

Wenn du diese Übungen 30 Tage lang gemacht hast, wird es dir immer leichter fallen, Erfolg zu erkennen und zu haben. Du wirst spüren, wie großartig du handeln kannst und wie viel Spaß es macht, erfolgreich und glücklich zu sein!

Affirmation

Nimm dir einen hübschen kleinen Zettel, und schreibe dir in kurzen Sätzen deinen größten Erfolg auf, was auch immer diesen ausmacht. Dann spüre all die Freude und all das Glück, das dir dieser großartige Erfolg gebracht hat, und sprich aus tiefstem Herzen:

»Ich bin gut, wie ich bin. Ich genieße meinen Erfolg und freue mich auf den nächsten!«

Es lohnt sich, diese Affirmation von Zeit zu Zeit zu wiederholen. Dann reiht sich bald ein Triumph an den anderen.

Das Kristall-Sternentor
von Erzengel Metatron
und Smaragd

Die Botschaft

Geliebte Seelen! Ihr seid immer beschützt. Alle Energie ist miteinander verwoben. Seele um Seele, Faden um Faden bilden wir alle ein Muster der Schönheit und Erfahrung. Eure Gedanken formen das Muster eures Lebens und krönen euch zu dem, was ihr wahrhaft seid: Könige eures Lebens. Mein Licht überstrahlt das Dunkel. Ich helfe euch dabei, die Wahrheit zu erkennen und eure Weisheit zu leben. Ich zeige euch euer Zepter und führe euch gerne zum Ziel eures Lebensweges: zur wahren Meisterschaft. Die Zeit des Erwachens ist gekommen, die Zeit der Vergebung und des Verstehens. Erkenntnisse klären eure Sinne und reinigen euer Bewusstsein. Ich bin da, um euch die Kraft in euch zu zeigen. Öffnet euch für die Erkenntnisse des einen, wahren Seins in euch. Alles wird sich für euch fügen, wenn ihr auf euch vertraut. Werdet zum Meister eures Lebens. Es ist Zeit.

Empfangen durch Sonja Ariel von Staden im April 2010

Bedeutung

Erzengel Metatron symbolisiert mit seiner goldenen Kraft die wahre Meisterschaft, die ein Mensch erlangen kann. Er durchlebte einst als Mensch unzählige Inkarnationen. Er gab seine Liebe den Seelen der Welt, diente und unterstützte sie auf ihrem Wege. Auch heute noch ist seine Energie auf der Erde in jenen zu spüren, die ihr Leben hingebungsvoll in den Dienst an der Menschheit stellen. Erzengel Metatron ist der einzige Engel, der so oft inkarniert auf diesem Planeten gedient hat. Als Dank stellte Gott ihn neben sich an seinen Thron. Dies bedeutet auch sein Name: »an Gottes Thron«. Er gilt vielen als der »König der Engel«.

Erzengel Metatron möchte dir mitteilen, dass auch du deine Meisterschaft auf Erden erreichen kannst. Dein Streben, die Einheit zu erfahren, ist richtig und wichtig. Es bringt dich deinem Ziel mit jedem Schritt näher: einzutauchen in die wahre goldene Quelle des göttlichen Ganzen.

Metatron umfängt dich mit seinen Schwingen und hebt dich auf, wenn du einmal den Sinn deines Lebens aus den Augen verloren hast. Du kannst spüren, dass er dich trägt, damit du deine Lebenslandkarte von oben betrachten kannst. Dann erkennst du, dass jeder Schritt einen Sinn hatte. Selbst wenn es sich anfühlte, als seist du vom Weg abgekommen, diente doch jede Entscheidung dazu, dich zu formen und neue, wichtige Erfahrungen zu kreieren. Wenn du das Muster deiner Seele aus der Vogelperspektive betrachtest, kannst du die unendliche Schönheit darin erkennen. Du kannst sehen, wie das Muster schillert und glänzt. Es vereint sich mit den Strukturen deiner Mitmenschen zu etwas Großartigem und Reinem. Ihr alle seid miteinander verwoben, ergänzt euch und bildet ein größeres Muster. Wenn nur einer von euch seine Struktur verfeinert, indem er sein Bewusstsein erweitert, strahlt das große Ganze wieder eine Nuance heller.

Der Weg in deine Meisterschaft ist von Erfolg gekrönt, wenn du dir bewusst machst, dass alle Kraft in dir ruht. Du hast es schon oft gehört und gelesen – aber nutzt und lebst du diese Kraft auch? Du weißt bereits, dass nur Vergebung und Demut vor dem Leben helfen, die Vergangenheit zu klären und loszulassen – aber setzt du dieses Wissen auch in die Tat um?

Erzengel Metatron fordert dich dazu auf, aus dem Wissen ins Handeln zu kommen. Reines Wissen ist ohne Sinn, wenn Handeln ausbleibt. Du hast so viel Wissen in dir. Nutze es.

Der Smaragd ist ein wahrhaft großes Kristallwesen. Er stellt dir sein Leuchten und seine Herzkraft zur Verfügung, damit du dich stark machen kannst für den Weg zur Meisterschaft. Er erhöht das Pulsieren deines Herzens und damit den Zugang zu neuen Bewusstseinsebenen.

Zusammen mit Erzengel Metatron zeigt er dir, wie du den Schritt zwischen Wissen und Handeln wagen kannst. Beide gemeinsam bauen dir eine Brücke, über die du in das neue Land deiner wahren Meisterschaft gehen kannst. Immer wieder helfen sie dir dabei, die Energie deiner Seelenquelle zu wecken, damit du die Reihenfolge erkennst, in der die Prüfungen zur Meisterschaft erfolgen: Erkenntnis, Betrachtung, Umsetzung.

Stehst du vor einer Herausforderung, gilt es zuerst, ihren Sinn zu erkennen. Dann kannst du den Sinn genau betrachten und verstehen – und dann handelst du angemessen, gelassen und voller Bewusstsein. Immer steht dir die Energie der göttlichen Quelle zur Verfügung, damit du daraus schöpfen und Antworten finden kannst, die ansonsten verborgen bleiben würden. Die Kräfte der Engel und der Kristalle offerieren dir einen Pool aus Energie, Weisheit und Hilfe, aus dem du dich bedienen kannst. Nutze alle Möglichkeiten, dein Bewusstsein zu erweitern. Dies ist die Meisterschaft: die Erweiterung deines Bewusstseins und die Erkenntnis, dass du in jedem Moment deines Lebens eins bist mit allem, was existiert!

Die Herzschwingung spüren und erhöhen

Eine Meditation mit dem Smaragd

Nimm dir Zeit und Raum, um ganz für dich in der Stille zu sein. Wenn du einen Smaragd-Kristall besitzt, lege ihn auf dein Herz. Mache es dir so bequem wie möglich. Schließe deine Augen, und lasse deinen Atem ganz bewusst durch deinen ganzen Körper fließen. Spüre ihm nach, während du immer ruhiger wirst. Dann fühle in dein Herz hinein. Fühle es pulsieren, während es deinen Lebenssaft durch den ganzen Körper pumpt, Schlag um Schlag. Tauche ein in dieses Pulsieren. Tauche ein in das Kraftfeld deines Herzens. Dein ganzes Bewusstsein bündelt sich nun in deinem Brustkorb.

Dann stelle dir vor, wie sich ein leuchtend grüner Glanz darin ausbreitet. Der Königskristall Smaragd lässt nun voller Freude seine Energie in dein Herz fließen. Spüre, wie die Kraft deines Herzens wächst. Seine pulsierende Schwingung dehnt sich aus, und mit ihr berührst du das große Herz der Erde. Auch Liebe und Energie fließen dir nun zu. Dann dehnt sich dein Schwingungsfeld noch weiter aus und geht in Resonanz mit der Urquelle allen Seins. Dort befinden sich alle Fähigkeit, alles Wissen und alle Liebe, die du brauchst, um deine Meisterschaft zu leben. Schöpfe daraus, und lasse alles in dich hineinströmen, was dir hier und jetzt wichtig ist.

Die Liebe des Smaragdes öffnet dir das Tor zur göttlichen Quelle. Du bist eins und kannst dort alles finden, was du gerne manifestieren möchtest auf Erden. Deinem Plan angemessen kannst du alles abrufen, was wichtig ist. Die Schwingung deines Herzens verbindet dich mit dem Überbewusstsein – du bist eins und pulsierst im Einklang mit jeder Seele, dem Herz der Erde und der göttlichen Quelle.

Fühle das grüne Schimmern des Kristalls in dir. Spüre deinen Herzschlag und die wunderbaren Vibrationen deines Körpers. Dein Bewusstsein ist weit und offen für neue Erfahrungen. Alles ist nun möglich!

Kehre langsam zurück in deinen Raum, und spüre noch eine Weile der Energie nach. Du kannst deine Erfahrungen auch in dein Lebensbuch schreiben. Dies verstärkt die Erkenntnisse und verbindet sie besser mit der Materie.

Diese Meditation dient deiner Stärkung und Bewusstseinserweiterung. Du kannst sie beliebig oft wiederholen, um deine Meisterschaft voranzubringen.

Ein Blick in deinen Seelenkern

Eine Meditation mit Erzengel Metatron

Suche dir einen Platz, an dem du in Ruhe sein kannst, und mache es dir dort gemütlich. Nimm dir Zeit und Raum, um dich ganz und gar neu auszurichten. Du möchtest Antworten? Dann lausche.

Spüre deinen Körper, der sich mit jedem Atemzug tiefer entspannt. Du wirst ruhig und lässt jeden Gedanken los, der dich an deinen Alltag bindet. Tauche ein in deinen innersten Seelenraum. Es ist ein wundervoller Ort, der dir dein inneres Paradies zeigt. Schaue dich um, und nimm die ganze Schönheit deiner Existenz wahr.

In deinem Seelenraum begegnest du Erzengel Metatron. Er zeigt sich in der Gestalt, die er für angemessen hält. Jetzt geht es um dich, um dein Leben, das du dir einst gewünscht hast. Es geht um dein ganzes Sein, das ein bestimmtes Ziel verfolgt. Erzengel Metatron zeigt dir, wer du wirklich bist. Er stellt dir alles Wissen, das du dir über deine Seele wünschst, zur Verfügung.

Gemeinsam setzt ihr euch an eine Stelle, an der die Energie besonders hoch schwingt. Nun kannst du deine Fragen stellen. Metatron antwortet dir auf die Weise, die du am besten verstehst. Du kannst ihn hören oder dir vorstellen, dass dir ein Film auf einer Leinwand gezeigt wird.

Öffne dein Bewusstsein, und lasse die Informationen über dein Sein einfach fließen. Sie werden sich in deinem Unterbewusstsein verankern. Bitte Erzengel Metatron, dir die Energie zu schenken, deine Meisterschaft voller Leichtigkeit und Gelassenheit anzunehmen. Er wird es dir gewähren.

Fühle die Liebe des großen Engels in dir. Dein Verstand wird gereinigt von altem Ballast und aufgefrischt mit neuen Ideen. Dein Herz wird gestärkt und dein Körper genährt. Dein Geist nimmt alles auf, was bald umgesetzt wird.

Es ist an dir, die Schritte zu gehen, doch sie werden voller Liebe und Kraft begleitet, wenn du es wünschst. Du bist immer eins mit allem.

Kehre langsam in deinen Meditationsraum zurück, fühle deinen Körper und deinen Herzschlag. Schreibe deine Erfahrungen und Erkenntnisse auf, damit du sie wahrhaftig in dein Leben bringen kannst. Wiederhole diese Übung, wenn du wieder mehr über dich selbst erfahren möchtest.

Affirmation

Stelle dich vor einen Spiegel, und blicke dir tief in die Augen. Erkenne darin deine Seele und die Schönheit deiner Existenz. Sprich dir in dein Herz:

»Ich lebe meine wahre Meisterschaft. Ich erkenne, wer ich wirklich bin. Ich lasse alles los, was vergangen ist, und freue mich auf alles, was noch vor mir liegt. Ich bin hier und jetzt Schöpfer meines Lebens.«

Erkenne die Wahrheit in deinen Worten, und spüre ihnen nach. Sie verändern dein Bewusstsein und führen dich voller Klarheit zu deinem nächsten Ziel.

Du kannst aus dieser Affirmation eine 30-Tage-Übung machen. Sie wird dich deine Meisterschaft spüren lassen – jeden Tag ein wenig mehr!

Das Sternentor der Einhörner

Die Botschaft

Geliebte Menschen! Lange bevor das menschliche Bewusstsein erwachte, waren wir schon auf diesem Planeten. Wir haben ihn für euch vorbereitet, damit eure Spezies seine Schönheit genießen kann. Wir haben euch begleitet und euch mit Klarheit und Weisheit beraten. Oft gab es Zeiten der Kommunikation zwischen euch und uns, doch lange Zeit herrschte Stille. Nun, im Rahmen des Weltenwandels, erscheinen wir abermals, um euch zur Seite zu stehen. Wir wünschen uns Frieden für diese Welt. Ihr seid ein starkes Volk, doch eure Macht setzt ihr allzu oft für die Schattenseite ein. Wir schenken euch unser Wissen, unsere Weisheit und die Klarheit des reinen Bewusstseins, damit ihr weise mit der Schöpferkraft umgeht, die euch geschenkt wurde.

Die Reinheit eurer Gedanken ist der Weg in eine Neue Zeit. Erwacht aus der Trance, in die ihr euch versetzt habt, und erkennt wieder die Pracht und Herrlichkeit eurer Existenz. Ihr seid wie Kinder, die nun erwachsen werden. Ihr seid bereit, Verantwortung für euer Handeln zu übernehmen. Wir sind immer bei euch, um euch im Namen der großen Mutter Erde und des Schöpfers allen Seins auf einem friedvollen, harmonischen Weg des Einklangs zu begleiten. Möge die Weisheit in euch die Welt zu dem Paradies machen, das für euch geplant ist.

Empfangen durch Sonja Ariel von Staden im Mai 2010

Bedeutung

In einer Welt der Fantasie, Kreativität und Schönheit regiert das Einhorn als weiser Herrscher. Frei von allen Bindungen an Raum und Zeit stürmen die großen Herden über die weiten Ebenen der Welt. Sie beschützen die Natur schon länger, als es Menschen auf diesem Planeten gibt. Sie segnen Mutter Erde mit ihrer Anwesenheit. Die Einhörner sind die großen Hüter unseres Planeten. Sie sorgen für

Gerechtigkeit und bringen Licht ins Dunkel. Sie sind verbunden mit dem Herzen der Erde, sind der Erde Kinder, und doch sind sie von einer universellen Energie zu ihr gesandt, um allem Leben beizustehen.

Einhörner sind ein Symbol für das Lichtvolle, das Gute und das vollkommen Reine. Ihre energetische Schönheit und kraftvolle Schwingung sind mit dem Licht und Glanz der Engel vergleichbar. Wie die Engel helfen sie allen Seelen dabei, ihren Platz einzunehmen und ihren Weg zu gehen.

Sie zeigen sich in der körperlichen Form wundervoller Pferde, deren Stirn ein großes Horn ziert. Auf diese Weise sind sie den Menschen sehr nahe, denn Pferde sind schon seit vielen Jahrtausenden an unserer Seite. Als Freunde und Helfer haben die kraftvollen Tiere einen großen Anteil an der kulturellen Entwicklung unserer Spezies. Die Einhörner haben als Energiewesen diese Erscheinungsform gewählt, weil sie gleichzeitig Sanftheit und Vitalität symbolisiert.

Im Mittelalter wurden Einhörner in viele Märchen und Sagen eingewoben. Sie wurden auf verschiedene Arten dargestellt: manchmal mit einem Löwenschwanz und gespaltenen Hufen, meistens reinweiß wie klarstes Licht, dann wieder in allen Farben leuchtend, doch stets sehr scheu. Ein Einhorn kann in den Geschichten nur von einer unschuldigen Jungfrau berührt werden. Manchmal kämpft es mit seinem wehrhaften Horn gegen die Mächte der Dunkelheit, denn es steht auf der Seite des Lichtes. Dem Horn des Wesens werden Heilkräfte zugesprochen. Aus diesem Grund wurde es gesucht und gejagt. Viele Wissenschaftler versuchten schon, dem Fabeltier auf die Spur zu kommen. Es ist sehr interessant, dass die Sage vom Einhorn in vielen Kulturen auf der ganzen Welt verbreitet ist und es die Menschen schon immer inspiriert hat. Es gibt viel Literatur und auch Filme zu diesem schönen Thema.

Als unterstützende Energie der Neuen Zeit werden Einhörner nun wieder verstärkt wahrgenommen. Wer sich mit offenem Herzen in die Natur begibt, kann die Schwingung dieser zauberhaften Wesen fühlen. Sie ist mit den Pflanzen, den Bäumen und den Tieren verwoben. Sie schwebt durch die Wälder und über die Felder, sie berührt und umhüllt alles Lebendige.

Einhornenergie schenkt Mitgefühl und Weisheit. Inmitten intakter Wälder ist sie ebenfalls verbunden mit der Kraft der Elfen und der anderen Naturwesen. Wer Fragen im Herzen hat, kann sich auf eine friedliche Lichtung setzen und ein Einhorn rufen. Wenn es sich zeigt, fühlt sich der Kontakt rein, kühl und liebevoll an. Die Weisheit der Geistwesen ist groß und voller Güte. Doch gleichzeitig auch sehr eindringlich, denn sie fordert deutlich zum Handeln auf. Einhörner lieben es, Menschen zu inspirieren. Deshalb ist der Kontakt zu ihnen in dieser Zeit des Weltenwandels auch so wichtig geworden.

Es gilt, Wissen in gelebte Weisheit zu verwandeln und das Bewusstsein gezielt auszurichten. Dabei unterstützen uns die Einhörner dieser Welt mit ihrer Liebe und ihrer großen Macht.

Die Weisheit des Einhorns spüren
Eine Meditation mit dem Einhorn

Suche dir einen Raum, in dem du in Stille ganz bei dir sein kannst. Wenn es dir möglich ist, wandere in einen Wald hinein, und suche dir dort eine Lichtung, auf der du dich wohlfühlst. Du kannst dem Einhorn auch an anderen kraftvollen Orten in der Natur begegnen, an denen du ungestört zur Ruhe kommen kannst.

Schließe die Augen, spüre deinen Körper, folge deinem Atem, und entspanne dich. Fühle deinen Herzschlag, und verbinde dich mit Mutter Erde.

Wenn du ganz bei dir angekommen bist, öffne dein Herz, und nimm die Energie um dich herum wahr. Rufe im Geiste das Wesen des Einhorns. Erkenne die Lichtgestalt. Fühle die Kraft und die Macht, die es verströmt. Nun ist es an dir, Kontakt aufzunehmen. Du kannst um Antwort auf Fragen bitten. Du kannst es bitten, sich streicheln zu lassen, damit du mit seiner Schönheit zutiefst in Kontakt kommen und durch sie dich selbst besser fühlen kannst.

Das Einhorn bringt alles in dir zum Schwingen. Es erhöht deine Energie und erweitert dein Bewusstsein. Klarheit durchfließt deinen Geist und erfrischt dich. Mit seinem Horn berührt es dein Herz und dein ganzes Sein. Licht fließt durch jede deiner Zellen und gibt dir die Kraft, dich ganz und gar auf deine nächsten Ziele zu konzentrieren.

Wenn du den Mut hast, kannst du das Einhorn auch bitten, dich auf ihm reiten zu lassen. Meistens ist dies eine wundervolle Gelegenheit, deine eigene wahre Macht zu spüren, denn das Einhorn erinnert dich daran, dass auch du Schöpfer bist. Reite mit dem Einhorn durch die Welt. Sieh die Natur durch seine Augen, und erkenne den Reichtum und die Schönheit, die dich umgeben. Genieße die Freiheit und Leichtigkeit auf dem Rücken des sanften, starken Wesens. Du bist in Sicherheit, denn auch wir Menschen stehen unter dem Schutz der Einhörner.

Fühle deinen Körper, höre die Antworten und sei einfach im Einklang mit dem großen Geist der Welt. Auch du bist ein Teil davon!

Kehre dann zurück in deinen Körper und auf deinen Platz – mit dem Wissen, dass du immer beschützt bist und jederzeit Antworten auf deine Fragen erhältst.

Du kannst die Antworten und Erlebnisse in deinem Lebensbuch notieren, damit sie wirkungsvoll zu einem Teil deines neuen Weges werden. Immer wenn du Fragen hast, kannst du in Kontakt zu den lichtvollen Erdenwesen treten!

Affirmation

Stelle dich vor einen Spiegel, und fühle die Kraft des Lichtes und der Weisheit in dir.

Dann sprich dir in deine Augen und dein Herz:

»Ich bin voller Weisheit. Ich erkenne mein Licht und zeige es der Welt!«

Nachwort

Seit meinem spirituellen Erwachen im Jahr 2001 bin ich mehr und mehr über mich hinausgewachsen. Ziele, die mir zuvor unerreichbar schienen, habe ich plötzlich erreicht – so wie das Schreiben und Veröffentlichen dieses Buches und des dazugehörigen Kartensets. Es war schon immer mein großer Wunsch, Menschen glücklich zu machen, ihnen zu zeigen, wie grandios das Leben ist.

Mit diesem Buch ist für mich der erste Schritt in eine neue Öffentlichkeit getan. Jedes Sternentor, das mir Zugang zu den Botschaften des Quellbewusstseins gegeben hat, bringt neue, wichtige Informationen auf die Erde. Ich bin glücklich, dass ich als Kanal dienen darf. Laufend formen sich neue Botschaften in meinem Herzen, und ich freue mich jeden Tag aufs Neue, sie für die Menschen in Worten und Bildern zu manifestieren.

Jeden Morgen aufzuwachen und den Sinn meines Lebens zu erkennen, ist ein Geschenk, das ich mir seit 2001 selbst mache. Ich darf erfahren, wie es ist, endlich ganz und gar ich selbst zu sein. Auch du kannst dir dieses Geschenk machen. Ich wünsche dir von Herzen, dass du deinen Weg findest und deinen Lebenssinn erkennst. Die Erde ist ein fantastischer Ort, sich zu erfahren. Schön, dass du mitspielst in unserem »Spiel des Lebens«!

Danksagung

Diese Buch wäre immer noch lediglich ein großer Traum, hätte ich meinen geliebten Mann nicht getroffen. Er ist meine beste Unterstützung, wenn ich an mir zweifle und zaudernd vor meinen Grenzen stehe. Mit ihm kann ich diese Grenzen überschreiten, denn er ist mein 24-Stunden-Power-Coach!

Meine Mutter möchte gern erwähnt werden, weil sie beim Testlesen so viel über sich selbst und das Leben gelernt hat! Besonders zum Thema »Selbstliebe«. Danke, Ma, dass es dich gibt. Ich liebe dich.

Meine liebe Freundin Marion war meine ganz große Hilfe. Mit ihrer Fachkenntnis in Sachen Sprache hat sie viele der Texte gelesen und redigiert. Ihre Klarheit und ihre Anregungen waren für mich ein tolles Training. Ich habe sehr viel gelernt. Danke!!!

Um zu erfahren, wie die Beschreibungen und Übungen ankommen, haben auch Beate, Claudia und Dagmar quergelesen. Auch euch vielen Dank!

Und natürlich bin ich auch Heidi und Markus Schirner dankbar. Ihr Verlag ist mit seinen Büchern und Kartensets seit 2001 mein treuer Begleiter und meine erste Wahl für meine Bilder und Worte. Die beiden glauben an mich und meine Fähigkeiten. Gemeinsam können wir diese Botschaften in die Welt tragen, denn wir haben alle drei das Brennen im Herzen, Licht, Liebe und wichtige Informationen zu verbreiten, damit die Menschen endlich ihren ganz persönlichen Weg des Glücks finden!

Auch meiner Lektorin Tamara möchte ich danken, denn sie hat so eine angenehme, sanfte Art, dass es einfach Freude machte, meine Texte wachsen zu sehen.

Die Grafikabteilung des Schirner Verlags leistet wundervolle Arbeit dabei, aus meinen Bildern das Allerbeste herauszuholen, damit sie die Herzen der Menschen berühren können.

Danke auch dir, liebe Leserin/lieber Leser, denn du hast dich berühren lassen. Was auch immer mit dir geschieht – ich wünsche dir von Herzen das Allerbeste für dein Leben.

In großer Liebe, Demut und Glück
eure Sonja Ariel von Staden

Juni 2010